语文第二课堂 拓展阅读版

长大的旅程

曹文轩 编

山东画报出版社

图书在版编目（CIP）数据

长大的旅程 / 曹文轩编. --济南: 山东画报出版社, 2021.6
（语文第二课堂：拓展阅读版）
ISBN 978-7-5474-3852-7

Ⅰ.①长… Ⅱ.①曹… Ⅲ.①阅读课 – 小学 – 课外读物
Ⅳ.①G624.233

中国版本图书馆CIP数据核字(2021)第069011号

ZHANGDA DE LUCHENG

长大的旅程

（语文第二课堂：拓展阅读版）
曹文轩　编

责任编辑　王一诺　李　双
封面设计　王　芳　李　娜
插画绘制　黄　捷

出 版 人　李文波
主管单位　山东出版传媒股份有限公司
出版发行　山东画报出版社
　　　　　　社　　址　济南市市中区英雄山路189号B座　邮编 250002
　　　　　　电　　话　总编室（0531）82098472
　　　　　　　　　　　市场部（0531）82098479　82098476（传真）
　　　　　　网　　址　http://www.hbcbs.com.cn
　　　　　　电子信箱　hbcb@sdpress.com.cn
印　　刷　山东新华印务有限公司
规　　格　165毫米×235毫米　1/16
　　　　　　12印张　50幅图　130千字
版　　次　2021年6月第1版
印　　次　2021年6月第1次印刷
书　　号　ISBN 978-7-5474-3852-7
定　　价　180.00元（全六册）

如有印装质量问题，请与出版社总编室联系更换。

序　言

　　无论是中国的语文教学大纲、课程标准还是国外的语文教学大纲、课程标准，也无论是哪一时代的语文教学大纲、课程标准，都无一例外地将学习语文的目的确定为：培养学生的语言文字表达能力。相对于"人文性"这一概念，我们将这一点说成是语文的"工具性"。这么说没有问题——问题是我们对"工具性"的理解是不够的。在我们的感觉中，"工具性"似乎是一个与"人文性"在重要性上是有级别差异的概念。我们在说到"工具性"时往往都显得不那么理直气壮，越是强调这一点就越是觉得它是一个矮于"人文性"的观念，只是我们不得不说才说的。其实，这里的"工具性"至少是一个与"人文性"并驾齐驱的概念。离开语言文字，讨论任何问题几乎都是没有意义的。另外我们有没有注意到，语言文字根本上也是人文性的。难道不是吗？二十世纪哲学大转型，就是争吵乃至恶斗了数个世纪的哲学忽于一天早晨都安静下来面对一个共同的问题：语言问题。哲学终于发现，所有的问题都是通向语言的。不将语言搞定，我们探讨真理几乎就是无效的。于是语言哲学成为几乎全部的哲学。一个个词，一个个句子，不只是一个个词，一个个句子，它们是存在的状态，是存在的结构。海德格尔、萨特、加缪、维特根斯坦等，将全部的时间用在了语言和与语言相关的问题的探讨上。甚至一些作家也从哲学的角度思考语言的问题，比如米兰·昆德拉。他写小说的思路和方式很简单，就是琢磨一个个词，比如"轻"，比如"媚俗""不朽"等。他告诉我们，一部小说只需要琢磨一两个词就足够了，因为所有的词都是某种存在状态，甚至是存在的基本状态。

从前说语言使思想得以实现，现在我们发现，语言本身就是思想，或者说是思想的产物。语言与思维有关。语言与认知这个世界有关，而认知之后的表达同样需要语言。语言直接关乎我们认知世界的深度和表达的深刻。文字使一切认识得以落实，使思想流传、传承成为可能。

从这个意义上说，语言文字能力，是一个健全的人的基本能力。而语文就是用来帮助人形成并强化这个能力的。为什么说语文学科是一切学科的基础，道理就在于一个人无论从事何种职业，都必须以很好的语言文字能力作为前提。因为语言文字能力与认知能力有关。

但要学好语文，只依赖于语文教科书恐怕是难以做到的。

语文教科书只是学好语文的一部分，甚至说是很有限的一部分。语文教学是语文学习的引导，老师们通过分析课文，让学生懂得如何阅读和分析课文，如何掌握语言文字去对世界进行思考和如何用语言文字去表述这个世界。但几本语文教科书能够提供给学生的学习文本是十分有限的，仅凭这些文本，要达到理想的语文水平是根本不可能的。语文能力的形成和语文水平的提高，必须建立在广泛而深入的课外阅读上——语文教材以外的书籍阅读上。许多年前我就和语文老师们交谈过：如果一个语文老师以为一本语文教材就是语文教学的全部，那么，要让学生学好语文是不可能的。从讲语文课而言，语文老师也要阅读大量教材以外的书籍，因为攻克语文这座山头的力量并不是来自语文教科书本身，而是来自其他山头——其他书籍，这些山头屯兵百万，只有调集这些山头的力量才能最终攻克语文这座山头。对学生而言，只有进行广泛而深入的课外阅读，才能深刻领会语文老师对语文教科书中的文本讲解，才能让语文教科书发挥应有的作用。

人类历史数千年，写作作为一种精神活动的历史也已十分漫长，天下好文章绝不是语文教科书就能容纳下的。所以，我们只有以语文教科书为依托，尽可能地阅读课外的书籍。但问题来了：这世界上的书籍浩如烟海、满坑满谷，一个人是不可能将其统统阅读尽的，即便是倾其一生，也不可能；关键是这些书籍鱼龙混杂，不是每一本、每一篇都值得劳心劳力去阅读的。这就要由一些专门的读书人去为普通百姓选书，而对于中小学生而言，就更需要让有读书经验的人为他们选择书籍了，好让他们将宝贵的时间用在最值得阅读的书籍上。

对于小学生而言，自由阅读固然重要，但有指导的阅读同样重要，甚至说更加重要。这套书就是基于这样的理念编写成的。参与这套书编写的有专家学者，有一线的著名语文老师，我们的心愿是完全一致的：尽可能地将最好的文本集中呈现给孩子们，然后精心指导他们对这些文本加以阅读。从某种意义上说，这套书是因教科书而设置的语文课堂的延续和扩展——语文的第二课堂。

曹文轩

2019年4月29日于北京大学

目　录

嘿，起床啦！

原来是这样

小故事，大道理

我亲爱的朋友们

为生命奏响颂歌

回望故乡

长大的旅程

我们一起成长

嘿，起床啦！

导读

　　一年有四季轮回，春季是万物复苏、生机萌发的季节，是四季中的第一个季节。春天阳光明媚，万物新生，诗人听到了树上传来的歌声，那是春天的歌声。

春天，在树上叫我

圣　野

春天的早晨

醒得早，

树上的小鸟，

还在枝头上睡觉，

我的诗

已经起床了。

我的诗，

张开翅膀，

飞了出去，

我听到了

银铃一般悦耳的歌声，

那是春天

在树上叫我。

对着微微

有点发红的窗口，

我做了一次

幸福的深呼吸。

于是我感觉到了：

我的肺叶，

跟正在发芽的

树木一样，

也开始绿起来了。

我喜悦，

我欢叫，

我是一棵

绿色的

年轻的树呀！

长大的旅程

牵手阅读

　　这是一首生机勃勃的小诗。春天的清晨，诗人醒来，他的诗已经迫不及待地飞出了窗户，诗人的心也一起飞出了窗户。呼吸着春天干净清新的空气，诗人感觉自己也是一棵正在生长的、绿色的、年轻的树。春天到来的时候，你也有和诗人一样的感觉吗？

一个铺满了松软黑土的老菜园子，一个认真用最为简单的字写信的"我"，两者之间会发生什么有趣的故事，又会带给我们怎样的启迪呢？

写给老菜园子的信

王立春

当早春融化了最后一个冰碴儿

老菜园子，我用树枝

在松软了的黑土上

给你写信

即使没上过学，老菜园子

你也能看懂

一年级的字很简单

窗玻璃都认得

雪地都认得

地上的沙子都认得

嘿，起床啦！

横横竖横竖钩撇点

我从垄沟写到垄台

从菜埂写到园边

我把笔画拉得很长

就是为了让你认得

也许明天早上

你就哈着白气醒来

揉着被土迷了的眼睛

打量着满园子大大小小的信

那一地都是我的名字啊

老菜园子，你是不是

无比激动

你可千万别让

任何一条垄翻身

那样就会把名字埋上

你这个种什么就长什么的老菜园子啊

种了我的名字

那可是一件

相当危险的事情

牵手阅读

　　作者运用拟人的手法，绘声绘色地描画了老菜园子"哈着白气""揉着眼睛"的模样，赋予其人的情感与形态，老菜园子活泼生动的形象跃然纸上。"我"用树枝在黑土上一笔一画地书写着最为简单的字，将自己的名字铺了满满一地。这封信洋溢着"我"对老菜园子、对泥土与大地、对自然的热爱。那么同学们，为什么"我"要在泥土上写满自己的名字呢？对此你是怎么理解的呢？

嘿，起床啦！

导读

逐渐攀升的温度和日益延长的白昼提醒着我们：春天在悄悄退场，夏天正静静来临。而此时的你，是在热切地期盼着夏天的到来还是不舍地挽留春天的离去呢？让我们一起走进诗歌一探究竟吧！

春天这条小路，太短

李东华

调皮的花朵都做了安静的母亲了，

茂盛的青草淹没了长长的篱笆。

河水涨了，青蛙的家越搬越高。

书包丢在园子的某个角落，

插在地里的钢笔，始终没有发芽。

春天这条小路呀，太短！

贪玩的孩子，还未走到家，

知了说，已是夏天，已是夏天。

牵手阅读

  作者运用拟人的手法，赋予花朵、青蛙等自然生物以人的情态，生动活泼地展现出春夏之交的繁盛情景。夏天的匆匆而至，宣告着四季进入了新的阶段，也象征着生命的脚步在急速前进，少年们也离开童稚的岁月，即将来到生命的夏天。那么同学们，提到"春天"和"夏天"，你们会分别想起些什么呢？作者说春天这条小路太短，你赞同吗？

原本应该享受童年快乐的小学生，却因为每一天清晨都要起来走进学校而变得垂头丧气。让我们一起来看一看作者的观点，看看你是否会产生共鸣。

小学生

[英]威廉·布莱克

我爱在夏天的清晨起床，

当鸟儿鸣啭在棵棵树上；

猎人远远地吹着号角，

云雀儿伴我歌唱，

啊！多美妙的伙伴。

但要在夏天的清晨上学，

唉！这把兴致都扫尽；

在那严厉昏花的眼底，

小同学们垂头丧气地

把一天苦熬过去。

唉！我有时得颓丧地坐着，

度过许多个急人的钟点，

我得不到快乐，无论从书中

或者看着板着的面孔，

在书斋里面挨时间。

为了欢乐而出世的鸟儿

怎能坐在笼中歌唱？

孩子怎能一受惊扰就

垂下他娇嫩的翅膀，

忘记了朝气蓬勃的春天？

爸爸妈妈啊，若花蕾被摘，

花儿经不住风吹雨打去，

要是嫩弱的幼苗被悲哀

和满腹的重重心事夺去

他们春天里的欢愉，

夏天怎么会高兴地露头，

夏天的果实怎么会露脸？

怎收拾悲伤所毁的一切，

如何祝福丰美的一年，

当冬天的狂风出现？

（张炽恒 译）

长大的旅程

牵手阅读

　　威廉·布莱克是英国浪漫主义诗人、版画家。主要诗作有《纯真之歌》《经验之歌》，他的诗清新且富于想象。在《小学生》中，童年无忧无虑的自由被束缚，孩子们如同笼中的鸟儿，忘记了朝气蓬勃的春天，难捱的时间和悲伤的心情毁了他们的童年，于是连最娇艳的玫瑰花都枯萎了。读过这首小诗，你是否有同样的烦恼呢？结合自己的实际经历谈谈感受。

原来是这样

长大的旅程

我多大了

智　良

　　地球一直不知道自己的年龄，它就去问太阳妈妈："妈妈，我多大了？"太阳妈妈微笑着说："答案就在你身上，你自己去找吧！"

　　地球就开始在身上找答案。

　　它看见蜉蝣在池塘上空快乐地飞翔。

　　地球问："蜉蝣，蜉蝣，你知道我的年龄吗？"

　　蜉蝣说："我朝生暮死，一生活不到一天，怎么能知道你的年龄呢！"

　　地球看见大猩猩们在森林里追打嬉戏，就问："聪明的大猩猩，你知道我的年龄吗？"

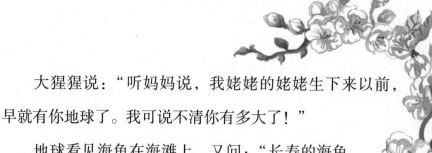

大猩猩说："听妈妈说，我姥姥的姥姥生下来以前，早就有你地球了。我可说不清你有多大了！"

地球看见海龟在海滩上，又问："长寿的海龟，你知道我的年龄吗？"

海龟说："我们最多活两三百年，不知道你的年龄。"

地球看见高大的龙血树在晒太阳。

地球问："老寿星龙血树，你知道我的年龄吗？"

龙血树说："我们虽然已经活了五六千岁了，可是从小就在你的身上扎根，不知道你活多久了。"

地球又去问化石，化石只知道它下面的地层比上面的地层古老，它连自己的年龄都不知道。

这时候，放射性元素铀顽皮地向地球眨眼睛。

地球说："难道你知道我多大了？"

放射性元素铀说："一点儿不错，我知道。我们铀经过四十五亿年，就有一定数量的伙伴变成铀铅。我们都四十五亿多岁了，你肯定是四十五亿岁以上了。"

地球终于知道了自己的年龄。

牵手阅读

　　地球，是太阳系的第三颗行星，这颗美丽的蔚蓝色星球，是我们人类和其他万千生物生存的家园。45亿年前，地球诞生了。故事里的地球是通过不断地寻找才知道了自己的年龄，那人类是如何发现地球年龄的呢？人类历史上也有过许多关于地球年龄的猜测，最后是运用科学手段，通过对各种岩石、陨石的放射性测定才获得了地球的大致年龄，也就是我们的地球大概在45亿年前形成。浩瀚的宇宙是一个古老神秘的世界，你想要了解更多关于宇宙的秘密吗？

导读

"举头望明月，低头思故乡。"大概是我们对月亮魅力的最初认识。那些嫦娥、玉兔、月桂树的传说经常被提起。月亮总是被蒙上一层美丽、神奇的面纱，可你了解月亮的起源吗？

月 亮

卞毓麟

中秋赏月，忽有友人相问："月亮生于何年，来自何方？"

在天文学上，这个问题称为"月球的起源"。其答案虽然至今尚付阙如（欠缺、空缺），但是天文学家们根据众多的天文观测事实，对月球的身份做了合乎逻辑的推测。总的说来，大致有三种可能：月球若不是地球的妻子，那便是地球的姐妹，或者是地球的女儿。

你看，月球的平均密度是每立方厘米3.34克，只相当于地球密度的五分之三，而且两者的化学成分又大不相同，因此情况很可能是这样：当46亿年以前我们这个太阳系从一大团星云物质脱胎而出时，月球和地球分别处在相去甚远的不同部位，它们各由当地的不同物质所形成。另一方面，月球的平均密度又与小行星乃至陨星的密度十分相近。所以，它原先很可能是一颗小行星，在它围绕太阳运行的过程中一度接近地球，并为后者的引力所俘获，而成为地球的卫星。这种学说称为"俘获说"，倘若情况果真如此，那么，将地球与月球比作邂逅相遇遂成天作之合的夫妻，岂不是再妙不过了吗？

但是，地球的直径只是月球直径的3.7倍，相去并不悬殊；况且，迄今为止人们所知的小行星无一例外都比月球小得多。所以，像地球这么一颗并不很大的行星，偏偏要俘获一个像月球这么大的小行星亦实非易事。于是，有一部分天文学家认为：在太阳系形成之际，地球和月球由同一块尘埃云凝聚而成。它们的平均密度和化学成分之所以不同，乃是由于原始星云中的金属成分在行星形成之前已先行凝聚成团。地球形成的时候，一开始便以大团的铁作为核心，并在其外围吸积了许多密度较小的石物质。月球的形成稍晚于地球，它由地球周围残余的非金属物质聚集而成，因而密度较小。这种学说称为"同源说"。如此看来，月亮岂不就是地球的妹妹？

最后一种推测更具有戏剧性：在40多亿年前，太阳系形成之初，地球、月球原为一体。当时地球处于高温熔融状态，自转很快；天长日久，便从其赤道区飞出一大块物质，形成了月球。太平洋便是月球分裂出去的残迹。你看，月亮岂不又成了地球的女儿？不过，这种理论面临着许多难题。比方说，它有一个必然的推论，即月球的位置应该处在地球的赤道面上，而实际情况并非如此。现在，赞成这种"分裂说"的人已经比较少了。

可爱的月亮啊，你究竟是谁？你尽可以讳莫如深，人类总有一天会掀开你的神秘面纱，把你的真相查个水落石出！

 牵手阅读

卞毓麟为中国科学院北京天文台教授，他努力通过各种途径向公众宣传科学知识、科学思想。本文向大家展示了一个天文学上不一样的月亮，从月

亮的物理特性讲到月亮起源的推测，富有逻辑性和趣味性。作者将月亮比作地球的妻子、妹妹和女儿，生动形象，易于接受。阅读文章后，你能结合自己的想法，简要地介绍一下你眼中的月亮吗？你还了解哪些天文知识？

昆虫是大家非常熟悉的动物，你对昆虫的了解有多少呢？昆虫的世界里，是否也存在着"化学武器"呢？

昆虫王国的"特种兵"

东　弓

我们知道，化学武器是指一些装有毒剂的炸弹、炮弹、火箭弹或导弹弹头。它们一爆炸，就会散发出大量有毒物质，使人残废或死亡。让人惊奇的是，昆虫世界里的一些小甲虫，也拥有自己的"化学武器"。

在热带森林里，一只身披甲壳的放屁虫正在散步，突然，一只浑身披着盔甲的犰狳（qiú yú）挡住了它的去路，它立即转过身来，把尾巴一撅，"啪啪啪"放出十几"炮"，把犰狳熏得昏天黑地。一位科学家利用高速摄影机拍下了全过程，并对放屁虫进行研究，试图揭开放屁虫"化学武器"的神秘面纱。

原来，放屁虫的肚子里有一个能进行化学反应的反应室，一端有个开口直通腹部的"炮口"；另一端有专门的管道通向几个腺体。这些腺体就像几个化学品工厂，分别生产和储存专用的化学原料。放屁虫一旦受到威胁，体内的化学原料立即混合，产生化学反应而喷射出来。但是，放屁虫体内是怎样生产和储存这种化学危险品而自身不受伤害的呢？

有的生物学家认为，放屁虫的反应室里，有一层十分坚韧的衬膜，能抵挡住化学毒素对自身的侵袭。也有的化学家认为，这些毒素在细胞中的浓度很低，只有在发射出去时，才变成有毒的"化学炮弹"，所以自己没有中毒的危险。

这些解释到底谁是谁非，至今仍没有定论。

牵手阅读

这是一篇科普性质的文章，用简洁清晰的语言向我们揭示了放屁虫的科学知识。你能总结出放屁虫使用"化学武器"的具体过程吗？

寂静的海浪与无边夜色相融，细细一看，海面上竟然有点点光芒坠于其间，好似繁星"哗啦"一声落到海上一样。这，是什么呢？

乌贼的威力

邢 蕴

　　很久以前的一个黑沉沉的夜晚，一艘古希腊的木船在印度洋上平稳地航行，多数船员都进入了梦乡，突然，瞭望哨发现前方有一些闪闪发亮的东西，而且接连不断地向木船聚拢来。这是什么怪物？瞭望哨急忙向船长报告了这一异常情况。

　　船长刚刚登上甲板，还没有来得及看清什么，只见一串串闪着光的火箭朝木船射来。火箭速度极快，飞得很高，几乎都落在距海面7米的甲板上。船长左右躲闪着这奇怪的东西，他想，莫非是遇到了海盗船。

　　不久，闪闪发光的火箭越聚越多，惊醒的船员们乱作一团，纷纷寻找逃生办法。这时有更多的闪光火箭向木船射来，木船越来越重，渐渐沉没海底。

后来，侥幸逃生的船员们向人们讲述了他们的悲惨遭遇。他们告诉人们一个难以置信的事情：那闪闪发光的火箭竟是一条条枪乌贼。

枪乌贼怎么可以发光，并且像火箭那样飞来飞去呢？后来，德国海洋动物学家对这事进行了详细调查。他们在印度洋捕获了两只枪乌贼，到了晚上进行观察。人们惊讶地发现，枪乌贼确实晚上可以发光。那么，它们又是怎样变成发光的火箭的呢？

原来，由于船的干扰和刺激，惊动了它们平静的生活，使它们惊恐万状，它们像无头苍蝇似的拼命跃出水面，把自己的喷射力加大到最大限度。枪乌贼这种发射式飞跃，高度可达 5 米以上，飞行距离可以达 50 多米远。枪乌贼体内还有一个喷气发动机，当它将体内的水猛烈压出时，便可以在海浪上一擦而过，闪着耀眼的光芒。将它称为"生物火箭"一点也不过分。

就是这群小小的海洋动物，竟然制造了一场海难，你看，乌贼的威力大不大？

牵手阅读

　　本文以平实轻快的语言向读者介绍了一场由枪乌贼引起的海难，通过曲折的故事情节弱化内容的沉重性，突出说明枪乌贼的特性：可以闪闪发光、可以加大自己的喷射力进行发射型飞跃……并且点出"由于船的干扰和刺激，惊扰了枪乌贼的生活"这一重要逻辑。我们人类在了解枪乌贼知识的基础上，也应该注意航船在航行过程中一定要提前勘探海域情况，谨防出现如文章描述的灾难性事件。你喜欢大海吗？你还知道哪些神奇的海洋生物？

小故事，大道理

导读

很多年以前，蚯蚓和蜜蜂是好朋友，它们长得很像，总在一起玩，可后来，它们变得越来越不像了，甚至人们对它们的态度也发生了变化，这是为什么呢？

蚯蚓和蜜蜂的故事

严文井

在从前——很多很多年以前，蚯蚓和蜜蜂是好朋友，他的模样长得也和蜜蜂差不多。

那时候，蚯蚓不像现在这样怕太阳，白天也不躲在土洞里面。他还会唱歌，不像现在这样，从早到晚都不吭气。他的身子长得又胖又粗，有一颗大脑袋，还有好几条短短的腿。要是今天我们遇见了这样一条蚯蚓，谁也不会说他是蚯蚓的。

蜜蜂也不像现在这样。那时候他还不会做蜜，也不会做蜂房，也不会飞，因为他还没有翅膀。他的身子比蚯蚓短小一些，有六条腿，也是短短的，可是没有现在这样精

巧，这样灵活。要是今天谁遇见这样一只虫儿，一定不会认出他就是蜜蜂。

在从前，就是蚯蚓还长着腿、蜜蜂还没有生翅膀的时候，大地上可以吃的好东西多极了，像什么杨梅、野葡萄，还有许多咱们都叫不出名字来的红的、紫的浆果，还有许许多多又甜又嫩的草叶和花瓣，蚯蚓和蜜蜂用不着费很大力气，只要动一动嘴就可以吃得饱饱的。

吃饱了，他们两个就在一块儿玩，不像现在这样，两个老不见面。咱们现在谁看见过蜜蜂和蚯蚓在一块儿玩呢？他们一个在天上飞，一个在地底下钻，根本就不会碰到一起。现在，他们的样子也变得和从前大不相同了。这是怎么回事呢？故事还要从头说起。

在很早很早以前，大地上可以吃的好东西多极了，可是你也吃，他也吃，大伙只管吃，不管种，天天老那么吃，大地上能吃的东西就慢慢地减少，以后就越来越少，越来越不容易找到了。

好日子过完了，苦日子就来了。蚯蚓和蜜蜂有时候找不到东西吃，就得挨饿。

在饿肚子的时候，蜜蜂很着急，可是蚯蚓却满不在乎，还是哼哼唧唧地唱歌儿。有一次，蜜蜂忍不住对他说：

"别老那么唱了，朋友，咱们来想想办法，自己动手，做一点什么东西吃，好不好？"

蚯蚓唱得正起劲儿，听蜜蜂这么一说，就很不耐烦地回答："做！你怎么做呀？你真聪明！能吃的东西从来都是现成的，都是自己长好的，自己还能做吃的东西！"

蜜蜂被蚯蚓一嘲笑，就不作声了。这是两个好朋友之间第一次出现不同的意见。

可是蜜蜂的脑子里总爱想些新鲜事：他不但想做出能吃的东西，并且还想做出一种特别甜的东西来。特别甜的东西怎么做呢？蜜蜂一天到晚在想办法。

有一天，天下起了大雨。蚯蚓和蜜蜂躲在一块大石头底下躲雨。雨哗啦哗啦地下得很大，地上的水慢慢涨起来，流到他们躲雨的石头那里，把他们的腿都浸湿了。大雨夹着一阵阵的凉风，蜜蜂冷得直发抖，就对蚯蚓说："哎呀！要是咱们能想个办法，住在一棵大树的洞里边，该多么好呀！那里一定又干净，又暖和。"

蚯蚓正在打瞌睡，摇摇脑袋："别胡说了，你老爱胡思乱想！"

可是蜜蜂越想越高兴，又说："咱们要是自己动手造一个能住的东西，住在里边，那就更好了。"因为那时候蜜蜂还不会做蜂房，所以他也叫不出他想做的那个东西。

蚯蚓听蜜蜂这样说，就生起气来了："你怎么这样蠢呀！咱们从来就是睡在草叶下面，石头底下，还想造什么能住的东西？再说，你又有多大的能耐，还想造什么东西？别胡扯了，让我安安静静地睡一觉吧！"

蜜蜂也有些生气了，就不再同蚯蚓说话了。可是他脑子里在想：蚯蚓说我造不了，我一定得试试看，一定要造出这样一个能住的东西来。

天晴了，蜜蜂开始用一团泥试着造房子。他把所有的腿都用上，和泥，把泥压成许多小片儿。他想把许多小泥片儿合成一个大泥片儿。可是忙了半天，小泥片儿又散开了。他又重新和泥，重新做小泥片儿。最后，好容易把许多小泥片儿做成了一个大泥片儿。他想把大泥片儿卷成一个圆筒筒：试了一次，试了两次，试了三次，可是老卷不好。蜜蜂累得满头大汗，就对蚯蚓说："好朋友，快来帮帮忙吧！"

蚯蚓看着蜜蜂哼了一声，动也不动。

后来，泥片儿被太阳晒干了，再也没办法卷成圆筒筒了。蜜蜂累得也不能动了，只好停下来休息。

这时候，蚯蚓带着嘲笑的神气对蜜蜂说："别白费力气啦，朋友！我不早就说过嘛，别胡思乱想了。"

蜜蜂没作声。因为他在想怎么样才能把房子造好。

又过了几天，蜜蜂和蚯蚓一块儿出去找吃的东西。在路上，他们碰见了一棵开满了小白花的山丁子树。山丁子树招呼他们："好朋友们，来帮个忙吧！我只开花，不能结果。只要你们来帮我把花粉搬动搬动，我就能结许多果子啦。我一定要好好地谢你们呢。"

蚯蚓瞪了山丁子树一眼，粗声粗气地回答说："我管你结不结果，我才没有这么多闲工夫哩！"

蜜蜂走过去，对山丁子树说："我来试一下，行吗？"

山丁子树很高兴地说："谢谢你，你来试试吧。"

这时,蚯蚓对蜜蜂说："你真爱管闲事！你不怕麻烦就去试吧，我可走了。"说完，他真的头也不回就独自走了，一边走还一边很骄傲地哼着歌儿。

蜜蜂开始很吃力地往山丁子树上爬。那时候，他的腿又短又笨，爬了好半天才爬到树上去，可是当他爬到一朵花旁边想采花粉的时候，因为身子太笨，一不小心就从树上摔下来了。幸亏地上的草很厚，才没有摔伤。他慢慢地站起来，喘了一口气，接着就又往树上爬。

在蜜蜂拼命爬树的时候，蚯蚓已经在另一个地方找到一大片浆果。蚯蚓吃着甜甜的浆果，想起了蜜蜂，得意地笑起来了："这一下可好了，我可以躺下来吃个饱，再也不用动了。蜜蜂这个大傻瓜不知道在那儿干出了什么玩意儿，我看他不是摔伤了，也准得饿坏了。"

蚯蚓吃饱了，就躺在浆果旁边呼呼地睡着了。这时候，蜜蜂还在一次、两次、三次地练习爬山丁子树哩。说起来也真是奇怪，蜜蜂一次又一次地爬树，用力朝上爬一步，背上的茸毛就颤动一下；再爬一步，茸毛就又颤动一下。蜜蜂不停地用力朝上爬，背上的茸毛就不停地颤动，慢慢地，背上的茸毛有几根就长大了，变成四个小片片儿了。这四个小片片儿一长出来，就很自然地随着蜜蜂的动作扑扇起来。有了这四个小片片儿，蜜蜂的身子也变轻了，站也站得稳了。

有时候，我们站在门槛上玩，要是站不稳，身子就会

小故事，大道理

前栽后仰的。这时候，不用谁下命令，我们的两只胳膊马上就会出来帮忙：只要这么晃一晃，身子马上又可以站直了。蜜蜂背上新长的小片片儿，就像我们的胳膊一样，靠着它的帮助，蜜蜂就平平稳稳地爬到山丁子树上去了。

这时候，蚯蚓还睡在浆果旁边做着好梦呢，他一点也不知道蜜蜂有了这么大的变化。

蜜蜂背上的这四个小片片儿越长越大，慢慢地就长成翅膀了。有了翅膀的蜜蜂，不久就学会了飞。他从这个花朵飞到那个花朵，不停地搬运起花粉来。他的腿也因为不断地劳动，慢慢地变得灵巧了。

蜜蜂帮助山丁子树做完了传布花粉的工作，山丁子树非常感谢他，就把多余的花粉和花里的一种甜浆都送给了他，还告诉他这种甜浆可以做成一种好吃的新东西，这种新东西叫作蜜。

蜜蜂带着花粉和甜浆飞走了。他怎样把甜浆做成蜜呢？这当然不是一件容易的事。可是蜜蜂是很有耐心，很肯动脑筋的：一次失败以后，他再想办法，再重新做；再次失败以后，他再想办法，再继续做，到底做成功了。

蚯蚓呢，还待在那个老地方，睡醒了就吃，吃饱了就睡，连歌都懒得唱了。当然，他把蜜蜂这个老朋友也忘掉了。

蜜蜂不但学会了做蜜，并且越做越聪明，又学会了做蜡，用蜡造成了自己想了很久的蜂房。他把蜂房造在大树的洞里边，那里既不怕风，又不怕雨。他就住在这样舒服的房子里，每天天一亮就起来，一直忙碌地工作到天黑。

蜜蜂一天一天地变得更聪明更有本领，模样也变得更美丽了：晶亮的大眼睛，细细的触须，好像薄纱似的翅膀，完全变成我们现在所看见的蜜蜂的样子了。

有一天，蜜蜂想起了蚯蚓。他想请蚯蚓来尝尝他做的特别甜的东西，并且把自己学会的本领教给蚯蚓，让蚯蚓也好好劳动。

蜜蜂离开了家到处飞着，一边飞一边喊叫蚯蚓。可是，蜜蜂飞来飞去，东找西找，找了半天，也找不到老朋友的影子。蚯蚓到哪儿去了呢？

原来在这一段很长的时间里，蚯蚓也变了样儿了，他本来腿就很短，因为老不活动，就一天一天变得更加短小。有一天，他一觉醒来一看，他的腿完全没有了；因为懒得说话和唱歌，他的嗓子也哑了；因为只顾睡觉，不动脑筋，脑袋也变小了；因为他那张嘴好吃，不断地咬东西，倒变得比从前更有力，连土块都咬得动，咽得下去了；因为他懒得挪地方，一个地方的好东西吃光了，就只好吃坏东西，最后只能吃土块，所以他的身子就变得很瘦很细了。一句话，他的样子完全改变了。蜜蜂从他头顶飞过去好几次，可是他怎么会认得出这就是老朋友蚯蚓呢？

蚯蚓当然也不认识蜜蜂了。当蜜蜂从他身边飞过喊着他的名字的时候，他觉得很奇怪：这是谁呢？后来，他听见身边许多刚发芽的小山丁子树都大声喊："欢迎我们的好朋友，欢迎勤快的蜜蜂！"蚯蚓这才知道原来是他的老朋友蜜蜂，心里又难受又害羞，恰好身边有一个洞，他马上就钻了进去，在洞里哭起来。

小山丁子树在洞口安慰蚯蚓说："不要哭！只要你今后不再懒惰，肯劳动，大家也会欢迎你的。"

蚯蚓不能说话，心里想："对！今后我一定好好劳动，好好翻地，帮助植物长得强壮，多结好吃的东西。"

蚯蚓下定决心改正自己好吃懒做的毛病，从此以后，就特别努力，用他那张能吞下土粒的嘴，在地里打洞翻土，不声不响地帮植物松土，帮助植物制造肥料。现在，谁都称赞他勤快，都说他完全变好了；可是他直到现在还是不好意思在白天出来，他怕碰见他的老朋友蜜蜂。

最初，蚯蚓和蜜蜂明明长得差不多，可后来，它们的差别为什么越来越大了呢？原来是因为蜜蜂勤奋努力，爱劳动，有美好的理想，就慢慢长出美丽的翅膀，变成会酿蜜的蜜蜂了。而蚯蚓好吃懒做不干活，身子和脑袋变小了，变得更加丑陋。好在蚯蚓意识到了自己的错误，决心改正毛病，也变好了。这个童话故事将蜜蜂和蚯蚓人格化，分别象征着生活中人们勤劳和懒惰的性格特点，并通过蜜蜂和蚯蚓的对比告诉我们，劳动是光荣的，偷懒是不可取的。你愿意做一只勤劳美丽的小蜜蜂吗？

导读

　　鸭妈妈带着六只小鸭子到河边游泳，其他小鸭子陆陆续续下了水，可一只叫"小黄毛"的小鸭子却老是不敢下去。后来，经过一系列的事情，小黄毛竟然游得又快又好了，它到底经历了什么呢？

小鸭子学游水

金　近

　　鸭妈妈带着六个小鸭子，从远处的草地上走到河边来，他们排着队，一摆一摆地走着。走到河边，鸭妈妈先下了水，她对小鸭子们说："好孩子们，你们一个一个地下来吧，要勇敢些。"

　　第一个小鸭子跳下水去，鸭妈妈扶他一把，他靠在妈妈的身边，用翅膀拍打着水，很快乐。

　　第二个小鸭子刚想跳下水，却站住了，鸭妈妈说："好孩子，像你哥哥一样下来吧，胆子要大，别害怕呀。"

　　这样一直轮到第六个小鸭子跳了，这是最小的一只小鸭子，他长得瘦瘦的，身上的黄毛也长得很少，稀稀拉拉的，好像一个小秃子，大家都叫他小黄毛，他慢慢地走到河边，老是不下去。

鸭妈妈一次又一次地说："小黄毛，快下来吧，胆子要大，胆小是学不会的。"

小黄毛还是不肯下水。

这时候，鹅阿姨带着小鹅们游过来，看到鸭妈妈就招呼："鸭大嫂，你好！"

鸭妈妈说："啊！鹅阿姨，你好！"

鹅阿姨说："你这几个孩子长得很好啊！黄黄的毛，胖鼓鼓的身子，长得真美！"

鸭妈妈说："你的孩子也都长得不坏呢！胖胖的，多有趣！可是我最小的孩子长得太瘦啦，你瞧。"鸭妈妈指着岸上的小黄毛。

鹅阿姨说："唔！这孩子长得太小了，你多照顾他吧，不过他还是长得蛮有趣的。"

小黄毛站在河岸上低着头，很怕羞的样子，他瞧了一下妈妈，又把头低下去了。

鸭妈妈觉得小黄毛老不肯下水，就游到岸边，准备带他下水，小黄毛看见妈妈向他游来，就干脆掉转身子，一摆一摆地要跑回家去。

鸭妈妈赶快爬上河岸，哄着小黄毛回来，小黄毛很害怕地跟妈妈一同下水了。他在水面上浮着，拼命地挤到妈妈身边。他的哥哥姐姐们都离妈妈比较远，而且游得很有兴致。

鸭妈妈拍着翅膀说："孩子们，快跟我来吧！"说完后，鸭妈妈就向河中心游去了，小鸭子们都跟着游去，可是小黄毛很害怕，不敢往前游。

鸭妈妈一边游，一边回过头来对小黄毛说："好孩子，快来吧，来！看谁游得快。"

小黄毛游得很慢，远远地落在后面了。鸭妈妈就停下来等着，等小黄毛赶上，再往前游。可小黄毛实在赶不上，他自己好像没有信心去追赶，看到河边有一处长满了芦苇，他想钻到芦苇丛里躲躲。鸭妈妈看到了，赶忙游过去，拉着他游出了芦苇丛，再让他自己游。

小黄毛跟在妈妈的后面，很吃力地游着。他们游了好一会儿工夫，要回家了，鸭妈妈帮着孩子们爬上了河岸，摇摇摆摆地走回家去。

在一块草地上，小鸭子们在那里玩。日子过了一个多月，他们都长大了些，小黄毛也长大了些，可是比起他的哥哥姐姐来，他还是长得很小的。他们有的追逐着蚱蜢，有的侧着脑袋在欣赏最好看的花。

　　小鹅们也来了，他们和小鸭子们在一块儿，玩得很好。后来小鹅们说："我们到河里去游水吧！看谁游得好。"

　　小鸭子们嘎嘎地叫着说："好啊！好啊！"

　　小鹅、小鸭子们都跳到水里去了，只有小黄毛还站在岸上，不想下水。小鹅、小鸭子们都叫他一同游，他总是不肯。

　　小鹅、小鸭子们开始游水了，他们自己喊着："一！二！三！"翅膀拍着水面，就很快地游起来。

　　小黄毛在岸上看着，他看到自己的哥哥姐姐游得那么

快，游得那么好，越看越有兴趣，也想下去游水了。他站在河边，看到水里自己的倒影，那么瘦，而哥哥姐姐们都长得那么结实。

他偷偷地下了水，自个儿开始游起来，老是在水浅的地方游，不敢游到河中心去。游着游着，忽然他的一条腿给什么东西咬住了，他拼命地挣扎，可是怎么也挣不脱。他急得没有办法，就大叫起来："救命啊！救命啊！"

小鹅、小鸭子们正要进行游泳比赛，听到小黄毛的叫喊声，赶快游过来，有一只小鸭子伸长脖子钻到水里去，他嘴里衔着一堆水草钻出了水面。大家见了都笑起来，原来小黄毛的一条腿被河边的一丛水草绊住了。小黄毛的胆子真小，他也怪自己为什么不钻进水里去瞧一瞧呢？这样多丢脸啊！小鹅、小鸭子们鼓励他，帮助他，要他也参加游泳比赛，小黄毛想想有点害怕，不肯参加，可是大家一定要他参加。比赛的时候，小黄毛实在游得太慢了，好容易游到终点，他落在最后面，低着头，心里很不快活。

小鹅、小鸭子们安慰他，要他再参加，他怎么也不肯参加了。他自个儿爬上了河岸，回去告诉妈妈："妈妈，我游水游不好，游不快。"

鸭妈妈说："你要勇敢些，要多学，慢慢就会游得好了。"

小黄毛大声地说："妈妈！那么你再教我游吧，这回我一定好好地学。"

鸭妈妈说："这样才是个好孩子。来吧，现在就跟我去游水。"

鸭妈妈带着小黄毛走到河边，一起下了水。她做出各种样子来，扎猛子、飞跃拍水、倒竖身子找螺蛳，还有很多花样，叫小黄毛跟着她学，小黄毛这回懂得了该怎么游，他游着游着，觉得有趣极了。他本来是怕游水的，现在能够大胆地游水了。

早晨，太阳刚出来，小黄毛就自个儿到河边去，练习游水，还练习扎猛子，他游到河这边，又游到河那边，再一直沿着小河游去。

小黄毛游得累了，站在河岸上，瞧着水里面自己的倒影，自言自语："我游得还不好，我要天天学。"

他张开翅膀，又跳到河里游水了。

有一天早晨，天气不太好，天空中飘着一朵朵的乌云。小黄毛望望天空，还是跳到河里去游水。

他游了没有多久，忽然刮起大风来，接着哗哗地下大雨了，他在河中心被大风吹得直打转，没法往前游。他向岸边游来，给大风一吹，又往后退了好远一段路。大雨打得他睁不开眼睛，可是他不管，还是拼命地往前游。刚要游到河边，被大风一吹，又退了回去，这一次退得很远很远。他已经没有力气往前冲了。这时候，他听到妈妈在找他："小黄毛！小黄毛！"小黄毛用尽全身的力量，又向前冲，他拼命地游着，游着，到底爬上了河岸。

鸭妈妈跑到河边，在大雨中看到小黄毛很吃力地走着，赶快跑过去，很亲热地抱住了小黄毛，她说："小黄毛！妈妈可找到你了。"

小黄毛说："妈妈！我能游水啦。"

鸭妈妈带着小黄毛，赶紧跑回家去。

到了夏天，小黄毛很能游水了。他的身上已经长满了雪白的羽毛，身体也结实了。他和哥哥姐姐们一样的健康、活泼。他用嘴巴梳梳身上的羽毛，张张翅膀，样子很勇敢。他看到水里自己的倒影，高兴地眯眼笑起来。

日子过得真快，夏天到了。有一天早晨，天气很凉爽，太阳照在河面上闪出金光，小黄毛拍拍翅膀，又到河里去练习游水了。一棵大树上贴了一张布告，上面写着：

今年出世的小鹅、小鸭子们都长大了。按照老规矩，要开一次游泳比赛大会，希望小鹅、小鸭子们都参加。

从这一天起，小黄毛和他的哥哥姐姐们一起练习游水，练得更好了，他们练习长距离游水，还练习扎猛子。

游泳比赛的日子到了，这一天可真热闹啊！所有的鹅啊，鸭子啊，都跑来看比赛。

游泳比赛的地方，就在小河上，看比赛的鹅和鸭子们都猜想：谁会得第一？有的说那只长脖子小鹅会得第一的，有的说那只大翅膀小鸭子会得第一的。鸭妈妈担心着自己的小黄毛，心里想着："可别把小黄毛累坏啦。"

比赛开始了。

小鹅、小鸭子们在河边排成一个很长的横队，发号令的是一个长脖子的大鹅，他大声喊着："预备！"

长脖子大鹅重重地拍一下翅膀，小鹅、小鸭子们都很快地出发了，快得都像一支射出去的箭。他们沿着河流，一直向前游去，拐弯的地方，要钻过芦苇堆成的障碍，还要做扎猛子表演。小黄毛很快地游着，有一只小鹅本来游在最前面的，他看到小黄毛追来，满不在乎，故意逗着小黄毛玩。他张开翅膀，一边游，一边不让小黄毛追上，小黄毛身子一闪，追过了这只小鹅。小鹅看到小黄毛在他的前面了，着急起来，赶快追上去，他又在小黄毛的前面了。可是小黄毛一点也不慌张，他要追过这只小鹅。游着游着，他又在小鹅的前面了，就这样一口气游到了终点。小鹅拼命地追，怎么也追不上他。

观众都拍着翅膀叫喊："小黄毛得第一了！小黄毛得第一了！"

小鹅、小鸭子们都跑过来，围住小黄毛。有几只大鹅把小黄毛举起来，举得高高的。

鸭妈妈紧紧地拥抱着小黄毛说："真想不到你会得第一。你是我最勇敢的孩子啊！"

鹅阿姨也跑过来，用翅膀拍拍小鸭子的背说："小黄毛，你真是个勇敢的孩子。"

小黄毛开心地笑着。他被大家说得有点害臊了，就把脑袋藏到翅膀里面去了。

现在，他的个子长得和别的小鸭子一样高了，他很高兴自己已经变成一只挺勇敢、挺结实的小鸭子了。

一开始，小黄毛胆小又怯懦，不敢下水。随后，在鸭妈妈的耐心教导和其他小鸭子们的鼓励下，小黄毛有了对学游水的兴趣，鼓足勇气下了水。尽管游得慢让小黄毛很害羞，但小黄毛渐渐生起把游水学好的决心，并且勤奋地练习，就像鸭妈妈说的："要勇敢些，要多学，慢慢就会游得好了。"小黄毛最终战胜自己的弱点，学会了游水。在生活里，如果你也遇到不懂的事情，不要害怕，不必害羞，大胆地去挑战、去学习、去训练吧，只要敢于尝试，就已经完成胜利的第一步了，相信自己，你很棒！

导读

你知道吗？科隆城里有一群小矮人，他们每天都趁人们睡着的时候出来干活，为人们解决各种各样的工作。人们感到很奇怪，为什么工作总是在睡着的时候就被做好了呢？

科隆城里的小矮人

［德］奥古斯特·柯皮斯

啊，很久很久以前，

科隆城里的日子多么舒适、多么悠闲！

只要你想偷一点儿懒，

无论坐在椅子上，还是躺在地上，

随时随地就可以闭上双眼，快活得像个神仙。

每当夜晚降临的时候，

一群小矮人，就会聚集起来，

点亮他们小小的灯盏。

他们又是跳跃又是奔跑，

有的专心干活儿，有的开心地寒暄。

拉呀扯呀，擦呀洗呀，

那些懒惰的人还在呼呼大睡的时候，

小矮人们一天的工作都已全部做完。

你看，木匠师傅躺在木梯边睡得正香，

小矮人们都悄悄地来到了他的小木房。

凿子、斧头、锤子、锯子，

全都派上了用场。

有的小矮人还当起了小小的泥瓦匠。

凿呀刨呀，刷呀砍呀，

小矮人们用老鹰一样锐利的目光，

测量出一块块木料的厚薄和短长，

然后牢牢地安装在最合适的地方……

一觉醒来，木匠师傅惊奇地发现，

咦，小木房不仅已经完工啦，

而且每道墙壁都是这么漂亮！

你看，面包师傅也躺在那里不慌不忙。

小矮人们在忙活着拖面粉呀，

懒惰的伙计却躺在那里，

优哉游哉地遨游梦乡。

嗨哟嗨哟拖面粉呀，

吭哧吭哧揉面团呀，

一二三四抬起来呀，

瞅准火候推进炉膛。

炉子里的木柴噼啪作响，

金黄色的面包香气飘荡。

嘿，伙计们还在那里鼾声隆隆，

烤好的面包已经摆满了面包房！

再看我们的肉铺师傅，

嘿，他那里一样是热火朝天！

伙计们还躺在那里呼呼大睡，

小矮人们却一个个忙得正欢。

剁呀切呀，搅呀拌呀，

动作是那么麻利，

好像风车转动一般。

削呀穿呀，洗呀灌呀，

肥肥的灌肠，

做了一串又一串……

等到伙计们睁开了睡眼，

哇，香肠已经挂满了店铺门面！

酿酒师傅那里也是一样，

酒窖里弥漫着浓浓的酒香。

师傅守着酒桶喝得烂醉，

小矮人们悄悄来到他的身旁。

先用硫黄给所有的酒桶杀了菌，

再用绞车和木块，

把一个个酒桶安放停当。

滚呀抬呀，拉呀拽呀，

大酒桶摆成了一排排，

葡萄酒装满了一缸缸。

酿酒师傅还没睡醒呢，

酒窖里已经变了模样！

还有从前的那个裁缝师傅，

曾经碰到一个好大的难题：

市长明天就需要一件新的礼服。

他却把衣料扔在一边，

睡得那么安逸、那么甜蜜！

幸好小矮人们动作麻利，

裁呀剪呀，缝呀绣呀，

镶上花边，缝上扣子，

试穿一次，再试一次，

拉开皮尺，抄起剪子……

嘿！我们的小裁缝还没睡醒，

市长定做的新礼服已经完工！

这件事让裁缝的妻子觉得稀奇，

她想呀想呀想出了一个妙主意：

到了夜晚，

她把圆圆的豌豆撒了一地，

然后，就一心一意等待着看一场好戏。

果然，一个个小矮人滑倒在地上，

房子里不断地发出了一阵阵声响。

有的从楼梯上滚到了客厅，

好像笨重的酒桶一样！

吵呀闹呀，叫呀喊呀，

都怪那些小小的豌豆，

让小矮人们头一次变得这么惊慌！

这时候，裁缝的妻子闻声跑来，

手里举着小小的灯光。

逃呀闪呀，滚呀爬呀，

还没等裁缝的妻子看个明白，

所有的小矮人都失去了踪影，

只剩下了一片夜色茫茫……

就是这样，

科隆城的人们

再也不能像以前那样清闲，

所有的事情，从此都必须自己动手来干！

每个人都开始依靠自己的双手来劳动，

幸福的日子要依靠自己的双手来创建。

做木匠的，

就自己刮呀刨呀；

做面包的，

就自己背呀扛呀；

会酿酒的，

就自己推呀滚呀；

当裁缝的，

就自己裁呀缝呀；

开肉铺的，

就自己搬呀运呀；

做家务的，

就自己擦呀扫呀；

唉！想起从前的那些日子，

多么让人留恋！

唉！过去的美好时光，

还有科隆城的那些小矮人儿，

多么让人怀念！

（曾璇 译 徐鲁 改写）

　　科隆城应该是所有懒人的天堂了，在这里，人们不用干活，只要他们坠入梦乡，到了夜里小矮人们就会出动。但这种不劳而获的日子注定不能长远，当小矮人们不在了，每个人都要开始依靠自己的双手来劳动。因为，幸福的日子要依靠自己的双手才能创建啊！大家讨论一下，小矮人们为什么要夜里出来干活呢？为什么被发现后他们就不见了呢？

长大的旅程

导读

从前有一只金鱼，它可以实现人的任何愿望，无论你是想要金银财宝还是无上的权势，它都可以给你。有一天，它被渔夫捕到，没想到渔夫放了它，却什么也不要……

渔夫和金鱼的故事

［俄］普希金

从前有个老头儿和他的老太婆，

住在蓝色的大海边；

他们住在一所破旧的泥棚里，

整整有三十又三年。

老头儿撒网打鱼，

老太婆纺纱结线。

有一次老头儿向大海撒下渔网，

拖上来的只是些水藻。

接着他又撒了一网，

拖上来的是一些海草。

第三次撒下渔网却网到一条鱼儿，

不是一条平常的鱼——是条金鱼。

金鱼竟苦苦求起来！

她跟人一样开口讲：

"放了我吧，老爷爷。把我放回海里去吧，

我给你贵重的报酬。

为了赎身，你要什么我都依。"

老头儿吃了一惊，心里有点害怕：

他打鱼打了三十三年，

从来没有听说过鱼会讲话。

他把金鱼放回大海，

还对她说了几句亲切的话：

"金鱼，

我不要你的报酬。

你游到蓝蓝的大海去吧，

在那里自由自在地游吧。"

老头儿回到老太婆跟前，

告诉她这桩天大的奇事。

"今天我网到一条鱼,

不是平常的鱼,是条金鱼,

这条金鱼会跟我们人一样讲话。

她求我把她放回蓝蓝的大海,

愿用最值钱的东西来赎她自己,

为了赎得自由,我要什么她都依。

我不敢要她的报酬,

就这样把她放回了蓝蓝的海里。"

老太婆指着老头儿就骂:

"你这傻瓜,真是个老糊涂!

不敢拿金鱼的报酬!

哪怕要只木盆也好,

我们那只已经破得不成样啦。"

于是,老头儿走向蓝色的大海,

看到大海微微地起着波澜,

老头儿就对金鱼叫唤。

金鱼向他游过来问道:

"你要什么呀,老爷爷?"

老头儿向她行个礼回答:

"行行好吧，鱼娘娘，

我的老太婆把我大骂一顿，

不让我这老头儿安宁。

她要一只新的木盆，

我们那只已经破得不能再用。"

金鱼回答说：

"别难受，去吧，

你们马上会有一只新木盆。"

老头儿回到老太婆那儿，

老太婆果然有了一只新木盆。

老太婆却骂得更厉害：

"你这傻瓜，真是个老糊涂！

真是个老笨蛋，你只要了只木盆。

木盆能值几个钱？

滚回去，老笨蛋，再到金鱼那儿去，

对她行个礼，向她要座木房子。"

于是，老头儿又走向蓝色的大海，

（蔚蓝的大海翻动起来）

老头儿就对金鱼叫唤。

金鱼向他游过来问道：

"你要什么呀，老爷爷？"

老头儿向她行个礼回答：

"行行好吧，鱼娘娘！

老太婆把我骂得更厉害，

她不让我老头儿安宁，

唠叨不休的老婆娘要座木房。"

金鱼回答说：

"别难受，去吧，

就这样吧，你们就会有一座木房。"

老头儿走向自己的泥棚，

泥棚已经变得无影无踪。

他前面是座有敞亮房间的木房，

有砖砌的白色烟囱，

还有橡木板的大门。

老太婆坐在窗口下，

指着丈夫破口大骂：

"你这傻瓜，十十足足的老糊涂！

你只要了座木房！

快滚，去向金鱼行个礼，

我不愿再做低贱的庄稼婆，

我要做世袭的贵妇人。"

老头儿走向蓝色的大海，

（蔚蓝的大海躁动起来）

他又对金鱼叫唤。

金鱼向他游过来问道：

"你要什么呀，老爷爷？"

老头儿向她行个礼回答：

"行行好吧，鱼娘娘！

老太婆的脾气发得更大，

她不让我老头儿安宁。

她已经不愿意做庄稼婆，

她要做个世袭的贵妇人。"

金鱼回答说：

"别难受，去吧。"

老头儿回到老太婆那儿。

他看到什么呀？一座高大的楼房。

他的老太婆站在台阶上，

穿着名贵的黑貂皮坎肩，

头上戴着锦绣的头饰，

脖子上围满珍珠，

两手戴着嵌宝石的金戒指，

脚上穿了双红皮靴子。

勤劳的奴仆们在她面前站着，

她鞭打他们，揪他们的额发。

老头儿对他的老太婆说：

"您好，高贵的夫人！

想来，这回您的心总该满足了吧。"

老太婆对他大声呵斥，

派他到马棚里去干活。

过了一星期，又过一星期，

老太婆胡闹得更厉害，

她又打发老头到金鱼那儿去：

"给我滚，去对金鱼行个礼，

说我不愿再做贵妇人，

我要做自由自在的女皇。"

老头儿吓了一跳，恳求说：

"怎么啦，婆娘，你吃了疯药？

你连走路、说话也不像样！

你会惹得全国人笑话。"

老太婆愈加冒火，

她刮了丈夫一记耳光。

"乡巴佬，你敢跟我顶嘴，

跟我这世袭贵妇人争吵？

快滚到海边去，老实对你说，

你不去，也得押你去。"

老头儿走向海边，

（蔚蓝的大海变得阴沉昏暗）

他又对金鱼叫唤。

金鱼向他游过来问道：

"你要什么呀，老爷爷？"

老头儿向她行个礼回答：

"行行好吧，鱼娘娘，

我的老太婆又在大吵大嚷，

她不愿再做贵妇人，

她要做自由自在的女皇。"

金鱼回答说：

"别难受，去吧。

好吧，老太婆就会做上女皇！"

老头儿回到老太婆那里。

怎么？他面前竟是皇家的宫殿。

他的老太婆当上了女皇，

正坐在桌边用膳，

大臣贵族侍候她，

给她斟上外国运来的美酒，

她吃着花式的糕点，

周围站着威风凛凛的卫士，

肩上都扛着锋利的斧钺。

老头儿一看——吓了一跳！

连忙对老太婆行礼叩头，

说道："您好，威严的女皇！

好啦，这回您的心总该满足了吧。"

老太婆瞧都不瞧他一眼，

下令把他赶跑。

大臣贵族一齐奔过来，

抓住老头的脖子往外推。

到了门口，卫士们赶来，

差点用利斧把老头砍倒。

人们都嘲笑他：

"老糊涂，真是活该！

这是给你点儿教训，

往后你得安守本分！"

过了一星期，又过一星期，

老太婆胡闹得更加不像话。

她派了朝臣去找她的丈夫，

他们找到了老头把他押来。

老太婆对老头儿说：

"滚回去，去对金鱼行个礼。

我不愿再做自由自在的女皇，

我要做海上的女霸王，

让我生活在海洋上，

叫金鱼来侍候我，

听我随便使唤。"

老头儿不敢顶嘴，也不敢开口违拗。

于是他跑到蔚蓝色的海边，

看到海上起了昏暗的风暴，

怒涛汹涌澎湃，

不住地奔腾、喧嚷、怒吼。

老头儿对金鱼叫唤。

金鱼向他游过来问道：

"你要什么呀，老爷爷？"

老头儿对她行个礼回答：

"行行好吧，鱼娘娘！

我把这该死的老太婆怎么办？

她已经不愿再做女皇了，

她要做海上的女霸王，

这样，她好生活在汪洋大海，

叫你亲自去侍候她，

听她随便使唤。"

金鱼一句话也不说，

只是尾巴在水里一划，

游到深深的大海里去了。

老头儿在海边久久地等待回答，

可是没有等到，

他只得回去见老太婆——

一看：他前面依旧是那间破泥棚，

她的老太婆坐在门槛上，

她前面还是那只破木盆。

（梦海、冯春 译）

牵手阅读

普希金，俄罗斯著名文学家、诗人、小说家，被誉为"俄罗斯文学之父"，代表作有《上尉的女儿》《黑桃皇后》等。这首童话诗是普希金的经典之作。故事从一个贫苦善良的渔夫开始，他出于善心放了金鱼，却被贪心的老太婆一次又一次地要求向金鱼索取更多的东西。"人心不足蛇吞象"，人一旦贪心，就会招致恶果；知足常乐，才更容易获得幸福。大家想一下，为什么金鱼最后让一切都恢复原样了呢？这个故事想表达什么呢？

我亲爱的朋友们

导读

图画书上有好多动物，狮子、大象、长颈鹿……你想象过它们从书中走出来时会是什么样吗？

在每一页上，不是狮子就是大象

［苏联］马雅可夫斯基

书本大门八字开，

各种野兽

走出来。

我让狮子先上场，

瞧它站在这里：

它不再是兽中王，

如今只是主席。

这种野兽叫作羊驼。

一大一小，

母女两个。

小塘鹅它小小个，
大大个是大塘鹅。

这是斑马。
　　　神气活现！
浑身道道，
　　　像是床垫。

这是公象、
　　　母象、
　　　　　小象，
画得就跟活的一样。
身子两三层楼高，

耳朵好像盘子，

脸上尾巴一长条，

原来这是鼻子。

嘴上长出——

　　　　不说笑话！——

两根骨头，

　　　　叫作象牙。

它们吃喝要多少？

衣裳穿破多少套？

就连那些象宝宝，

都有我的爸爸高。

我请大家让一让道，

嘴巴嘴巴请张大。

要画它们，一页太小，

至少两页才画得下。

鳄鱼。孩子见了怕。

别去惹它为妙。

可是它在水底下，

现在看它不到。

这里一匹叫作骆驼，

货可以背，

        人可以坐。

它在沙漠里面住，

吃些乏味小灌木。

它干活是一年干到头，

骆驼

      是劳动的

           牲口。

袋鼠。

      样子多么好玩。

手比别个短上一半。

可是瞧它

        两条腿，

比别个的长一倍。

长颈鹿，

      鹿颈长，

        这么长的颈，

哪儿去找这么长的领？

鹿妈妈倒觉得

　　　　这样很好。

小鹿

　　有长脖子

　　　　给她们抱。

猴子。

　　样子滑稽非常。

干吗坐着像尊泥菩萨？

这活像是一个人像，

就多了一条大尾巴。

冬天怕冷，它不好受。

它的家乡是美洲。

都看完了。

　　　　该回家走。

再见，各位小野兽！

（任溶溶　译）

　　马雅可夫斯基写的这首童话诗，是用"楼梯式"形式写成的。这种诗歌形式排列十分独特，朗读起来抑扬顿挫。诗中运用神奇的想象，幻想图画书中的动物一个个走出来，变成真实大小·的模样，充满了奇思妙想。请大声朗读这首诗，体会其中的趣味。

导读

　　《芦鸡》的故事内容和情节并不复杂，但在动植物屡遭伤害的今天，其蕴含的深刻情感更显可贵。

芦　鸡

任大霖

　　有一年春末，梅花溇（流过我们村子的河）涨大水，从上游漂下来一窠小芦鸡，一共三只。

　　长发看见了它们，跑来叫我们一起去捉。我们在岸上跟着它们，用长晾竿捞，用石块赶，一直跟到周家桥边，幸亏金奎叔划着船在那里捉鱼，才围住了小芦鸡，用网把它们裹了上来。分配的结果，我一只，长发一只，灿金和王康合一只。

　　那小芦鸡的样子就跟普通的小鸡差不多，只是浑身是黑的，连嘴和脚爪也是黑的，而腿特别长，所以跑起来特别快。为了防它逃跑，我用细绳缚住它的脚，把它吊在椅子脚上，喂米给它吃。小芦鸡吃得很少，却时时刻刻想逃走，它总是向外面跑，可是绳子拉住了它的脚，它就绕着椅子脚转，跑着跑着，跑了几圈以后，绳子绕在椅子脚上了，它还是跑，直到一只脚被吊了起来，不能动弹时，才"叽呀叽呀"地叫起来。我以为它是在叫痛了，就去帮它松开绳，可是不一会儿，它又绕紧了绳子，吊起一只脚来，而且叫得更响了，我才知道它不是为了痛在叫，而是为了不能逃跑，才张大了黑嘴在叫唤的。这样几次以后，小芦鸡完全发怒了，它根本不吃米，却一个劲地啄那椅子脚，好像要把这可恶的棍棒啄断才会安静下来似的。

那时候，燕子在我们的檐下做了一个窠，飞进飞出地忙着。只有当燕子在檐下"吉居吉居"叫着的时候，小芦鸡才比较地安静，它往往循着这叫声，侧着头，停住脚，仔细听着。燕子叫过一阵飞出去了，小芦鸡却还呆呆地停在那儿好一会儿——它是在回想那广阔河边的芦苇丛，回想在浅滩草窠中的妈妈吗？

长发的那只并不比我的好些。它一粒米也不吃，只是一刻不停地跑、转，到完全累了之后，就倒在地上不起来了。让它喝水，它倒喝一点点。第三天，长发的小芦鸡死了。长发把它葬在园里，还做了一个小坟。

我知道要是老把它吊在椅子脚上，我的小芦鸡也活不长，就把它解开了，让它在天井里活动活动。不过门是关好了的。小芦鸡开始在天井里到处跑，跑了一会儿以后，忽然钻到天井角落上的水缸旁边去了，好久没出来。这时我突然想起：水缸旁边的墙上有个小小的洞，那是从前的猫洞，现在已经堵住了，它会不会钻进洞里去？急忙移开水缸，已经晚了！小芦鸡已经钻进了那个墙洞，塞在里面了。要想从这洞里钻出去是不可能的，可是要退回来，也已经不行。我们想各种办法帮助它出来，最后我甚至要妈妈把墙壁敲掉，可是即使真的敲掉墙壁也没有用，小芦鸡已经活活地塞死在洞里了。

为这事我哭了一场，不是为我失掉了小芦鸡，而是为小芦鸡要自由却失掉了性命。我觉得这是一件极悲惨的事，而我要对它负责的。

只有灿金和王康合有的那只小芦鸡，命运比较好些。他们不光给它吃米，还到芦苇丛里去捉蚱蜢来喂它。有时候，灿金还牵着它到河边去走走，让它游游水，再牵回来，就像放牛似的。所以它活下来了。

王康家里养着一群小鸡，他们就让小芦鸡跟小鸡在一起。过了半个月，就算解开了绳子，小芦鸡也逃不了了；它混在家鸡群里，前前后后地跑着，和别的鸡争食小虫。它比家鸡长得快些，不多久就开始换绒毛，稍稍有点儿赤膊了。可是，它终究是不快乐的，常常离开家鸡群，独自在一旁呆呆地站立着；而它的骨头突出在肉外，显得那么瘦。

大家都说，灿金和王康合养的小芦鸡"养熟"了，说它将会长得很大、很肥的。

可是有一天，小芦鸡终于逃走了。那时鸡群在河边的草地找虫吃，小芦鸡径直走到河边，走到河里，游过河去。对面是一带密密的芦苇，它钻进芦苇丛，就这样不见了。

第二年夏天，天旱，梅花溇的水完全干了，河底可以走人。有一天金奎叔来敲门，告诉我说，从河对面走来了两只小芦鸡，他问我要不要去捉。我跑去一看，果然，两只小芦鸡在河旁走着，好像周围没有什么危险似的，坦然地走着。它们的样子完全跟去年我们捉到的那三只一样。

我看了看，就对金奎叔说："不捉它们了吧，反正是养不牢的。"

金奎叔点点头说："是啊，反正是养不牢的。有些小东西，它们生来就是自由自在的，你要把它们养在家里，它们宁愿死。芦鸡就是这样的东西。"

牵手阅读

　　文章的语言风格朴实风趣，对小芦鸡的经历描写得很详细，对作者自身的心理变化描写也很细腻。三个小生命虽然很幼小，但是内心依然渴望着自由，为了追求自由可以奋不顾身，甚至不惜付出自己的生命，让人不禁心生敬畏之情。细腻、真诚的描写是本文的突出亮点。作者只是客观地描写了小芦鸡的神态、动作等，但字里行间中却渗透着纯真的情感，具有震撼人心的力量。你怎么理解结尾金奎叔的话呢？你家里有宠物吗？你们之间有怎样的故事呢？

这是一个温馨又略带哀伤的故事，故事中有一棵有求必应的苹果树和一个贪求不厌的孩子，一起来看看他们之间究竟发生了什么。

爱心树

〔美〕谢尔·希尔弗斯坦

从前有一棵大树，它喜欢上了一个男孩儿。男孩儿每天都会跑到树下，给自己做王冠，想象自己就是森林之王。他也常常爬上树干，在树枝上荡秋千，吃树上结的苹果，同大树捉迷藏。累了的时候，他就在树荫里睡觉。

小男孩儿爱这棵树，非常、非常爱它，大树很快乐。但是时光流逝，孩子逐渐长大，大树常常感到孤寂。

有一天孩子来看大树，大树说："来吧，孩子，爬到我身上来，在树枝上荡秋千，吃几个苹果，再到阴凉里玩一会儿。你会很快活的！"

"我已经大了，不爱爬树玩儿了，"孩子说，"我想买些好玩儿的东西。我需要些钱，你能给我一点儿钱吗？"

"很抱歉，"大树说，"我没有钱，我只有树叶和苹果。把我的苹果拿去吧，孩子，把它们拿到城里卖掉，你就会有钱，就会快活了。"

于是孩子爬上大树，摘下树上的苹果，把它们拿走了。大树很快乐。

很久很久，孩子没有再来看望大树。大树很难过。

后来有一天，孩子又来了。大树高兴地摇晃着树干，对孩子说："来吧，孩子，爬到我的树干上荡秋千，你会很快活的！"

"我有很多事要做，没有时间爬树了。"孩子说，"我需要一幢房子保暖。"他接着说，"我要娶个妻子，还要生好多孩子，所以我需要一幢房子。你能给我一幢房子吗？"

"我没有房子，"大树说，"森林就是我的房子。但是你可以把我的树枝砍下来，拿去盖房，你就会快活了。"于是，那个男孩儿把大树的树枝都砍下来，把它们拿走，盖了一幢房子。大树很快乐。

孩子又有很长时间没有来看望大树了。

当他终于又回来的时候，大树非常高兴，高兴得几乎说不出话来。"来吧，孩子，"它声音喑哑地说，"来和我玩玩吧！"

"我年纪已经大了，心情也不好，不愿意玩儿了。"孩子说，"我需要一条船，驾着它到远方去，离开这个地方。你能给我一条船吗？"

"把我的树干砍断，用它做条船吧。"大树说，"这样你就可以航行到远方去，你就会快活了。"于是，孩子把树干砍断，做了一条船，驶走了。大树很快乐，但是心坎儿里却有些……

又过了很久，那孩子又来了。"非常抱歉，孩子，"大树说，"我没有什么可以给你的了。我没有苹果了。"

"我的牙齿已经老化，吃不动苹果了。"孩子说。

"我没有枝条了，"大树说，"你没法儿在上面荡秋千了。"

"我太老了，不能再荡秋千了。"孩子说。

"我也没有树干了，"大树说，"不能让你爬上去玩了。"

"我很疲倦，爬也爬不动了。"孩子说。

"真是抱歉，"大树叹了口气，"我希望还能给你点儿什么东西……但是我什么都没有了。我现在只是个老树墩，真是抱歉……"

"我现在需要的实在不多，"孩子说，"我只想找个安静的地方坐坐，好好休息一下。我太累了。"

"那好吧。"大树说，它尽量把身子挺直，"你看，我这个老树墩，正好可以叫你坐在上面休息。来吧，孩子，坐下吧，坐在我身上休息吧！"

于是，孩子坐下了。

大树很快乐。

（傅惟慈 译）

 牵手阅读

这是一个爱与被爱、给予与收获的故事。一棵陪伴着男孩儿成长的苹果树，因为单纯的喜欢，就愿意为他奉献出自己的一切，倾尽所有为男孩儿解决烦恼，它会为自己的无能为力感到懊恼，会为男孩儿的离开感到难过，会为自己的奉献感觉到无比

的幸福和满足。就像是我们的父母一样，愿意付出自己深深的爱，付出自己的全部而不求回报，在原地盼望着离家的孩子早日归家，随时满足孩子的心愿。我们在感受着爱的同时也要学会奉献爱，将一份爱不断地传承下去。你觉得这是一棵怎样的苹果树呢？如果你是这棵苹果树，遇到这样一个小·男孩儿，你会像这棵苹果树一样做吗？

导读

众所周知，人类是一种高级生物，那地球上的其他生物又是如何看待人类这种生物的呢？在白嘴鸦眼里，人类似乎不是像我们自己想得那么好哟。

白嘴鸦

［俄］契诃夫

白嘴鸦飞来，在俄罗斯田地的上空成群结队地盘旋，我挑选其中一只最庄严的白嘴鸦，跟他攀谈起来。可惜我碰到的是一只白嘴鸦理论家、道德夫子，因此所谈的话就乏味了。我们谈的是这些话：

我——据说你们白嘴鸦寿命很长。你们，还有梭鱼，总是被我们的自然科学工作者举出来作为寿命非常长的例子。你多大岁数了？

白嘴鸦——我三百七十六岁。

我——哎呀！可了不得！真的，活得好长呀！老先生，换了是我，鬼才知道已经给《俄罗斯掌故》和《历史通报》写过多少篇文章了！要是我活了三百七十六岁，那我简直想不出来在这个时期里会写出多少篇小说、剧本、小东西！那我会拿到多少稿费啊！那么你，白嘴鸦，在这么长的时期里干了些什么呢？

白嘴鸦——没干什么，人先生！我光是吃喝睡觉、生儿养女罢了……

我——丢脸啊！我又为你害臊，又为你愤慨，蠢鸟！你在世界上活了三百七十六岁，却跟三百年前一样的愚蠢！一点儿进步都没有！

白嘴鸦——人先生，智慧不是从寿长来的，而是从教育和修养来的。

我（仍旧愤慨）——三百七十六岁！要知道，这是多么了不起！简直跟长生不老一样！在这么长的时期里，我足足能够把所有的学系都读它一回，足足可以结二十次婚，种种职业、样样工作都可以试一下，鬼才知道我的官阶会升到多么高，临死的时候一定是个大富翁！你要想想看，傻瓜：在银行里存上一个卢布，照五分复利算，只要二百八十三年就滚成一百万！你算算看，先生！这是说，要是你在二百八十三年以前在银行里有一个卢布，现在就有一百万啦！唉，你啊，笨蛋，笨蛋！你这么蠢，你倒并不害臊，并不伤心？

白嘴鸦——不然。……我们固然愚蠢，不过另一方面，我们也可以安慰自己：我们在百年生活里所做的蠢事，比起人在四十年里所做的蠢事还要少得多。……是的，人先生，我活了三百七十六岁，可是没有一回看见白嘴鸦自家伙里起内讧，自相残杀，然而你想不起有哪一年，你们那儿没有战争。……我们不互相打劫，不开办放款银行和不学古代语言的寄宿学校，不做假见证，不诓诈拐骗，不写糟糕的小说和诗歌，不编骂人的报纸。……我活了三百七十六岁，从没见过雌的白嘴鸦欺骗而且伤害她的丈夫。——可是你们那儿呢，人先生？在我们当中，没有奴才、马屁精、骗子、犹大①……

可是讲到这儿，他的伙伴招呼这只跟我谈话的白嘴鸦，他来不及讲完他的宏论，就飞过田野去了。

（汝龙 译）

---

① 犹大：据《圣经》记载，犹大是受了三十块银币而出卖老师耶稣的叛徒，一般用作叛徒的同义词。

契诃夫，俄罗斯短篇小说巨匠，也是一位杰出的剧作家。作为俄罗斯十九世纪末期最后一位批判现实主义艺术大师，契诃夫被称为"世界短篇小说之王"，他一生创作了近八百篇短篇小说，他提倡"客观地"叙述，"越是客观给人的印象就越深"，《白嘴鸦》就是这么一篇。作者是如何借白嘴鸦之口讽刺一些人的恶劣行为的呢？作者批判的恶行又有哪些呢？

为生命奏响颂歌

长大的旅程

导读

　　假如你将不久于人世，你会如何与这个世界告别，如何面对自己的家人呢？这是一个身患癌症即将离世的儿子写给母亲的书信，信里满是殷切的歉意与期望，一起来读读看吧。

对不起，妈！我生病了

李　真

　　亲爱的老妈，这是我第一次给您写信，也可能是最后一次，有些话，我只能以这种稍显愚笨的方式来跟您说说：

　　对不起，妈妈，我生病了，还是白血病。

　　都说越努力越幸福，我也以为考上大学上了研究生，就能让您离幸福更近些。可事实证明，我的努力给这个家带来的，只有磨难和绝望。

　　我们家从来都过得不宽裕，如今因为我更是雪上加霜，四岁的侄子问他爷爷，为什么我们家的房子这么破，我们都知道原因却又不知如何回答。

这三年来，若不是大家的救济和你们的坚持，我早已挥别了这个世界。

时至今日，我觉得自己欠这个家和您一个交代。

生病之初，大哥说一定要救我。义无反顾地拿出所有的积蓄，为我背负了一生的债，还给我供骨髓，做移植，甚至怕嫂子反对而提出了离婚。

二嫂曾一度心疼得不敢听见我的声音，七岁的侄女哭着说，自己再也不吃零食了，把钱留给叔叔治病。

哥嫂怕你们照顾不好我，他们毅然辞掉了工作，专心照顾我直至出院。

情之厚如斯，百世不足还。

从化疗到移植，再到感染和排异，近三年的时间，我们一直过得战战兢兢，如履薄冰，尽管你们竭尽全力，我依旧还是徘徊在生死边缘。

我这一病，不仅让一家人掏空所有，家徒四壁负债累累，我们的精神也不断地游走在绝望与崩溃的边缘，身心俱疲。尤其是最近半年里，几次三番的病危抢救，每一次我都觉得好累，累到不想坚持，只想解脱。

那次昏迷我真的有种从未有过的舒适，可是突然间的意识又告诉我，这份舒适很可能换来的，是你们永恒的痛。

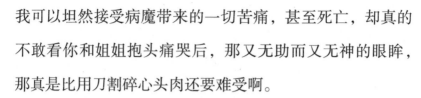

我可以坦然接受病魔带来的一切苦痛，甚至死亡，却真的不敢看你和姐姐抱头痛哭后，那又无助而又无神的眼眸，那真是比用刀割碎心头肉还要难受啊。

生病的这三年，您把我照顾得一丝不苟，为此所吃的苦，所受的委屈，早已超出了常人所能受的极限。每天从医院到出租房，至少行走六趟却从不喊累，每天擦洗消毒东西，恨不能抠掉一层。

我上学，您陪我住校。

我住院，您等我回家。

爷爷住院，我们都没能回去相送。

因为身体虚弱，您每天会给我擦拭身体和泡脚，每一次您看到我骨瘦如柴的身体，总会突然红了双眼，一边忍着泪，一边像清洗艺术品般小心翼翼。不敢想象在我面前佯装乐观坚强的您，在背后又难过成什么模样。

在我病重，在我们走投无路，绝望至极的时候，您只是握着我的手，浑身颤抖不止，泣不成声，却依旧不忍开口说出"带我回家"这几个字，只是委婉地问我："有没有想见的人？"

我知道，您已穷尽了毕生力气，却始终换不回我一生安康。您努力了半生，却换来一波又一波的绝望。您不甘心，却又无能为力。

您总说，只要人还在，其他的都不重要。

只要我们努力，想要的以后都会有。

每次想起这些话，都让我倍感骄傲。您虽然没有学历，却比谁都活得有文化；您身材瘦小，力量柔弱，却扛起了重如泰山的生活；您温柔善良，被生活蹂躏，却从不抱怨和失掉希望。就是这样的您，让我无从放弃自己。

妈，我能在这里跟您做些约定吗?

无母不成家，为了这个家，您得保重好自己。

关于我，咱们努力就好，我不会遗憾而抱怨，您也不必自责。生活各有际遇，命运也自有其轨迹。若有一天，真的事不可为，希望您能理解，那也只是一种自然法则而已。愿您能收住泪水，笑看过往。

因为我只是换个方式，守在您身旁。

谢谢你们的不离不弃。

　　　　　　　　　　爱您的不孝小儿子敬上

牵手阅读

　　这是作者在病重之时写给母亲的一封信，信里有他对母亲的感谢和歉意，情真意切，不由得让人泪湿眼眶。"若有一天真的事不可为，希望您能理解，那也只是一种自然法则而已。愿您能收住泪水，笑看过往。因为我只是换个方式，守在您身旁。"与命运抗争却屡屡被打败以后，仍然能够直面生命里的一切磨难，他这种乐观豁达的态度令人动容。世事无常，我们都应当珍惜生命的每分每秒，尽全力活出精彩的模样。

这是一篇报告文学，用温暖朴实的语言记录了女孩命运的跌宕起伏。鲁迅曾说："悲剧就是将美好的事物毁灭给人看。"因此，悲剧往往让我们懂得生命的真谛。我们一起来读一读女孩的经历。

永远的女孩

谢华　罗姗

这是一个真实的故事，这是一个平常的女孩。记下她，只是因为她对生活的那份挚爱，对生命的那份潇洒。生也女孩，死也女孩，生活不老，女孩也永在我们心间。

潇洒女孩

女孩叫王颖，浙江衢州第二中学高二年级学生。三八妇女节，刚好是她的生日，只是她似乎并不喜欢自己的生日是在这天，她说，她只想做个女孩，一个快快乐乐的好女孩。

做个女孩真好，可以大模大样地把一块泡泡糖从校门口一直吹到教室。有时，女孩因为笑得太疯把糖吹落了，半道里，拉了女伴就往回跑。正午的阳光里，卖糖的老爷爷对着女孩呵呵地笑。

女孩喜欢唱歌，只是自己嗓子不大争气，沙沙的，像空转的录音机。于是，女孩只拣流行歌曲唱，她特别钟爱粤语歌，一首刘德华的《一起走过的日子》会被她唱得如醉如痴。尽管女孩自己长得有些像王祖贤，她却更欣赏张曼玉。她先是被小虎队点化得又青又涩，后又跟周润发玩起了深沉……群星璀璨，女孩尽情地喜欢，尽情地选择，在那些似懂非懂的歌词里，把一颗少女的心揉搓得韵味无穷。

女孩也喜欢看书。从琼瑶，到李清照，到金庸，再到海明威；从唐诗，到侦探，到科幻，到生活小百科，再到世界博览，到世界航空。她会在银杏叶黄了的时候拣回一堆银杏树叶来，然后在一枚枚扇形的叶子上抄上一首首小诗，寻找几分"人比黄花瘦"的典雅。她也可以让一连串的足球明星的名字像英语单词样轻快地从口中吐出。有时，她会在星期六下午偷偷跑出去看一场录像，再乘兴和男同学打一场台球。女孩似乎有一种独特的天赋，别人需要花许多力气去背的东西，她却可以过目不忘，所以女孩学习极好。学习之外，她就把大把的课余时间一块一块地分给了她的各种爱好。

女孩还喜欢跳舞。她有两条修长的腿，小时候，就曾在外国朋友面前跳过"孔雀舞"。但女孩害怕体育，尤其害怕跨栏、跳箱，有时她一咬牙，就拖泥带水地跳了过去，虽然落地时踉跄了好几步，但仍没忘记把双臂像体育明星那样高高举起。

女孩有时会冲着父母撒娇，发脾气。即便是女孩做错了，她也从不当面向父母道歉、认错，可女孩会悄悄去做让爸爸妈妈高兴的事情。也许，她会在妈妈生日时，偷偷在妈妈床头放上一只可爱的小白兔玩具；有时，她不惜牺牲周末的录像和台球，乖乖跑回家去为父母烧一顿像模像样的饭菜……

女孩当然会有男孩喜欢，尤其是这么一个漂亮、活泼、聪颖的好女孩。于是，女孩收到了好多男孩那写得朦朦胧胧的信，接到了好多他们那缥缥缈缈的期待。女孩把它们全放在一个小铁盒子里，然后潇潇洒洒地寄回一个劝告，捎去一句戏谑，或者，干干脆脆说一声"NO"。女孩

长
大
的
旅
程

又是无牵无挂，蹦蹦跳跳，一派乐天模样了。当然，也有许多自作多情，没完没了的，那只能自讨没趣了。女孩喜欢班里所有的同学，快快乐乐地挥洒着她的那一份纯真。

女孩的心好高，她说她不会在泥潭里栽跟头。女孩的未来在明丽的蓝天上，她喜欢对着飞翔的小鸟哼"我的未来不是梦"……当然不是梦！女孩想，只要自己实实在在地去实现它。女孩喜欢缤纷的颜色。在一次"你最喜欢的色彩"的问卷调查中，她用笔写上了两个字——"七彩"。女友们说，女孩的心好大。女孩调皮地一笑，说，那是因为世界太大，生活太美！

女孩不哭

可是，女孩突然病了，而且病得很厉害。

平时，她并没觉得自己有什么病，只是近半年，她特别不喜欢晨跑，每次晨跑，总会觉得肚子隐隐作痛。可这种情况她从没对老师说过，只是有时晨跑时她会悄悄溜掉。

六月初，八百米测验。考试是不好再溜走的。路，真长啊！跑到第二圈，她觉得下腹部胀痛得厉害。汗，湿透了衣服，湿透了秀发。同学们伸出手拉她，她拒绝了，女孩不喜欢掺假的东西，包括考试。到了，终于到了，三分四十秒，不错的成绩！朋友们为她欢呼，可她已没有精神笑了，她觉得好累好累，她紧紧地咬着嘴唇，脸色苍白苍白的。好友关切地走过来，她只嘟哝了一句："肚子又痛了。不，似乎是胃痛。"

那天放学她回了家，告诉妈妈自己胃痛。晚饭时，妈妈特地为她煮了浓稠的稀饭，可女孩却说要吃妈妈炒的蛋炒饭。"你不是胃痛吗？"妈妈说。"现在又好了！"女孩调皮地一笑。

唉，小女孩的病，好像六月里的云，风一吹，又是万里晴空。妈妈也就没再在意了。

可惜，那块乌云吹不走了。一周后，是双杠、单杠测验。女孩有点紧张，下杠时，她双手一软，腹部在杠上硌了一下。吧嗒！她从杠上掉下来了，痛得紧紧蜷缩起了身子。这以后，她肚子就一直在痛。"也许碰伤了。"女友说。"不，也许我肚子里长了个瘤子。"女孩自己用手在腹部摸到了一块硬硬的东西。"哪会呢！"伙伴们说。是啊，哪会呢？正是豆蔻年华，谁会相信那些凶险的病会与自己有关系呢？那个星期，女孩照样上课，照样玩耍，甚至照样参加晨跑。

一周后的一个下午，有堂体育课。看着大家忙碌地换衣、换鞋的样子，女孩落寞地说："下午我不能上课了，我得去医院检查。"

女孩走了，走得平平常常，就如往常的任何一次离校。没有人送她，她也没有回头，只是女友在后面问："明天要不要帮你打开水？""当然！"女孩说。

可女孩这一走就再没回到学校来。医生几乎是一伸手就触摸到女孩腹部那个碗大的肿块了。接下去就是检查、化验、诊断，诊断结果为：内胚窦瘤。这是一种凶险的癌症！父亲被这个严酷的现实打蒙了。

"爸爸，我什么时候可以上学？"见爸爸一回到病房，女孩就急切地问。父亲真想上前去把女儿紧紧抱住。呵，如果可能，就让爸爸代你去面对这可怕的现实吧！

可是不能，父亲只能独自把痛苦吞下，故作轻松地告诉女儿，那只是个良性瘤子，必须立即开刀。

女孩乖乖地躺在手术台上了。女孩不哭，女孩知道只有拿掉那个该死的瘤子才可以上学。手术是成功的，可情况却叫人揪心：肿块直径有二十三厘米，而且已经被硌破，从而引发了腹膜炎……哦，女孩！

如果早半个月发现肿块，如果不在单杠上硌破肿块，如果女孩多一点娇气……这么个大瘤子长在肚子里，是不会不觉得难受的呵！父亲悔恨得直打自己的脑袋。

女孩从深深的麻醉中醒过来了，刚才好像做了一个多么可怕的噩梦。好了，一切都过去了，女孩轻轻睁开了眼睛。哦，妈妈，太阳真亮！女孩马上想起了阳光下的校园，校园中的老师同学，还有一个多星期后的毕业会考，也许，还能赶得上考试。

于是，一到学校放学的时间，女孩就把眼睛对着病房门口。女孩子们来了，她们给女孩讲学校的功课、课堂的逸事，还有散落在校园中的各式各样的属于女孩子们的小秘密……

女孩眨着眼睛，笑眯眯地听，苍白的脸上浮起了两朵红云。女友说："你好漂亮！""是吗？"女孩笑了，悄悄告诉女友，她还长高了一厘米。哦，一米六二五，太棒了！女孩把脸贴着床头的布娃娃，娇羞中平添了许多美丽。

只是，在大家要离去时，女孩就会显得落寞："再坐一会儿吧，就一会儿……"

男孩子们也来了。他们走进病房，显得有点腼腆。他们似乎一下子还不能把眼前这个躺在白床单中的女孩和那个校园中的潇洒女孩联系在一起，而且，他们也实在不知道他们这时候应该说点什么。第二次来探望女孩的时候，他们就学聪明了。他们把想对女孩说的话预先写在了纸条上，你一句，我一句，谈话气氛完全自由，轻快，放松。然后，他们把这些纸条折成了一架架纸飞机。

打开窗户的时候，夕阳刚好在窗玻璃上跳舞。这时候，纸飞机就一架一架地从金色的阳光中飞进来了，最后才是一排嘻嘻哈哈傻笑着的脸。

哦，如果没有盐水瓶，没有白床单，没有这浓浓的药味，和同学们在一起时，她又成了一个快快活活的女孩。

女孩天天都盼望着回到同学们中间去。可是，她却等来了和同学们更长久的分离。医生说，她必须到杭州去接受化疗。女孩惶惑了："可是我还要参加考试呀！"

女孩终于没能参加考试，要参加考试的同学也不能来为她送行。咔嚓，咔嚓，咔嚓……火车喘了一路，女孩则想了一路。下车时，女孩对爸爸说："只要能快一点回到学校，什么苦我也愿意吃。"

女孩真的吃苦了，而且吃了很多很多苦。

因为化疗，女孩成了"不食人间烟火"的仙子。她不能吃一点东西，连喝白开水也会呕吐。若是有人刚吃了一点青菜，即便是漱过口后站在她面前，她也会拼命捂住鼻子。可女孩却开玩笑说，自己的嗅觉简直可以和缉毒队的警犬的嗅觉相媲美了。

因为化疗，女孩手上扎过针的地方全发了黑，这是中毒的迹象。可女孩给同学写信，说："跟武侠小说中的黑鸟一样，说不定等我化疗完毕，就变成百毒不侵了呢。"

女孩每天要喝好多好多药，女孩说要把它们当作酒来干。

女孩刚刚剪的若男头因药物反应，成把成把往下掉头发，女孩说她正可以借假发来感受一下长发飘拂的潇洒。

……

女孩没哭，真的没哭，她只是紧紧抓住那一线希望——完成一个疗程，马上回家，马上上学，赶上高三学年……

即使在她知道自己已经没有了做一个女孩的权利时，她也竟然没掉一滴眼泪……

在一次查房时，她听到两个医生在讲她的病情。其中一个问："她的月经情况怎么样？"

一个答："她已经不会有月经了，已做了'盆腔清扫'，子宫、卵巢已全部切除。"

不知女孩是否能清楚这"盆腔清扫"的分量，她只是急切地去问父亲自己的病情。父亲语塞，沉吟良久，终于点头承认了这个事实。

女孩没有再追问下去，只是转过头去看着窗外。窗外有一株夹竹桃，粉红色的花正欢欢喜喜地开放。许久，女孩回过头来，看着满心惶恐的父亲，说："不要紧，以后，我会领养一个孩子……"

哦，女孩，她懂得了这所谓"清扫"的分量！父亲止不住热泪滚滚。可女孩不哭，女孩更懂得现实的分量。既然厄运已无法回避，就只能坦然接受，别无选择，更何况，这并不影响她的学习。只要可以继续学习，女孩就可以和命运作一番抗争。哦，学习！女孩疯了似的让爸爸拿来了课本、练习册……

女孩的世界

这黑沉沉的梦，真长呵！一只小小的船，一次又一次地挣出汹涌的浪谷，可怎么还不见那阳光下的绿洲？

学校，就是女孩的整个世界；同学，是这个世界中明亮的星星。当特别想念同学的时候，女孩写了一首关于星星的诗，女孩写："一百一十只眼睛，像一百一十颗星星，在我心中闪烁。在黑暗里送给我光明，在孤独时带给我力量，在寒冷中捧给我温暖。永远不忘，永远不忘，一百一十只眼睛，一百一十颗星星。"

那是一块像白雪一样纯洁美丽的天地，一片像百花园那样绚丽烂漫的风景，一个像星空那样神秘朦胧的世界。在女孩短短的十六年的生命中，有十一年是在学校度过的呀！她怎么会不用她整个生命去挚爱它、眷恋它、想念它、渴望它呢？

可是，无情的水，竟是一浪高一浪地把那只小小的船打下了浪底；无情的病，硬是一步紧一步地把它从女孩手中夺走了。小小的船实在承受不了了啊！小小的心实在支撑不住了啊！女孩哭了。女孩的爸爸说，女孩自生病至离去，只流过两次眼泪……

一次是在得知她要休学的时候。

刚刚熬过了一个疗程的化疗，挨过了漫长的十五天，本以为马上可以回家，马上可以上学，可医生的一句话，就把她这么多的希望给打碎了。"化疗还是要进行的，时间还长着呢！"休学是不可避免的了。

女孩哭了，哭得凄婉而哀伤。女孩问爸爸："为什么命运夺走了我这么多东西，还要夺走我读书的机会？为什么别人可以快快乐乐地生活、学习，我却只想读书也不可以？"

哦，为什么？爸爸不能回答，妈妈不能回答。女孩不知道，离开了学校，离开了老师、同学，她的生命中究竟还能剩下什么！

女孩变得沉默了，她常常对着窗外的夹竹桃发呆。她的教室窗外也有一株这样的夹竹桃，有太阳的日子里，她可以在座位上捉到夹竹桃花的影子。可现在，它们离她好远，好远。

独自一个人的时候，女孩就在一张又一张的纸上又画又写。傍晚，妈妈为她收拾东西，看见放在她枕边的本子上写满了同学的名字，她这是在默写教室里的座位表呵！

女孩天天盼着同学的来信，她把那些信珍藏在枕头下面。那是一份奢侈的享受，一个生机勃勃的世界。女孩从不舍得把那些信一次看完，总是看一段，然后闭上眼睛默默回味一番，然后再次抽出信笺……这时候，妈妈从不打扰女儿，妈妈知道，那是女儿的世界。

一个多么诱人、多么丰富的世界。

女孩也给同学写信，女孩写道："我常想学校里的事，这的确会让我开心一会儿，但想过以后却更伤心。罢罢罢，还是不去想吧，但却总也无法忘了你们……给我写信，也动员别人给我写信吧。也许看信,能代替我默写座位表的无聊举动。"

"仍是会回忆起那一张张熟悉的脸,那一句句普通的玩笑,或是一个个彼此都心领神会的眼神。但心里的那份感觉,真的很淡,仿佛那些都是些很久远的故事了……"

可女孩毕竟是女孩,女孩不想用自己的信去把别人的生活也弄成灰暗的色彩。女孩告诉女友,因为生病,她似乎又长高了零点零五厘米,停了化疗,她长胖了,足足重了一斤,"如果不是生病,我现在的身材还真算可以了。"

女孩还迷上了唱歌。一天,女孩忽然唱到了《大约在冬季》,就像疯了似的翻来覆去地唱:"你问我何时归故里,我也轻声问自己,不是在此时,不知在何时,我想大约会是在冬季……"哦,冬季,多么遥远,女孩沉醉在那一份缠绵与牵念中了……唱完了,女孩就在信上写道:"不用担心我,我很好,真的,也愿大家好。"

第二次流泪的时候已是九月初了。化疗的第一个疗程结束,开始准备进行第二个疗程。

多好啊!又可以捧着碗吃饭,又可以站在镜子前静静打量自己,又可以偷偷去姑姑家看录下的奥运会比赛,又可以悠闲地看各种小说……可是,怎么说呢?生活中总是少了一样最重要的东西。她终于对爸爸说："我要回家！"

爸爸也竟然同意女儿回家的要求了。学校马上要开学了，弟弟也该上初中了。

一踏上故乡的土地，女孩就觉得自己真的好了。一件红格子衬衣，一条新潮高腰裤，恰到好处地勾勒出女孩娇美的身材。女孩对来看她的同学说，她要回学校了；女孩对邻居们讲，她要上学了。女孩迫不及待地整理着课本、文具，女孩的一双眼睛热切地盯着爸爸妈妈，好像在说："哦，上学，上学，我只要上学！"

爸爸也真想让她去上学，那是她魂牵梦绕的地方呵！女儿记挂着那里的每一位老师、每一个同学，甚至还有那在食堂里排起的长队，校门口那位卖泡泡糖的老爷爷……可是，她能吃得消每天来回的奔波吗？她能撑得下去那一个又一个的四十五分钟吗？更重要的是，她的病情随时都有可能恶化，万一……可这一切又该如何去对女儿说呢？

听着女儿兴致勃勃地与同学说话，爸爸没吭声；听她高高兴兴地与邻居讲话，妈妈也不作声。到了第二天清晨，女儿整好书包催着爸爸出门时，爸爸沉默了……哦，不行，不行，不行！

女儿哇的一声哭了！她哭得回肠荡气，哭得委屈绝望，哭了足足一个小时，女儿可从没这么哀切地哭过啊！爸爸妈妈后来回忆起来总是痛悔不已：那天，为什么不让她去一次学校呢？就去一次也好啊！让她再过一天校园生活，再听一听上课的铃声。要知道，她的时间不多了呀！

哭过的第二天，女孩就发起了低烧。父母吓坏了，马上送她到当地医院，女孩马上又开始化疗，又重新陷入药物之中了。虽然女孩回到了故里，校园却咫尺天涯。这时，她多么盼望着同学们来看她呵！

可那几天里，同学们竟一个也没有来。也许是因为刚刚开学课程比较紧张，也许是以为来日方长，可谁知这一大意，竟铸成了大家永久的遗憾。后来，听到女孩的父母讲女孩的苦苦盼望和等待时，女孩子们后悔得失声痛哭，男孩子们则像发了疯似的捶打墙壁。可这一切又有何用！她是永远也听不见、看不见了呀！她一个人去了那么远的地方，大家竟一个也没去送她的！十六七岁的孩子，第一次意识到了死亡的严峻！

她妈妈说，她住院后的第四天，医生就通知必须马上把她送往杭州。走的前一天傍晚，女孩说她想上街看看。那时，她已很难独自行走了，妈妈就用自行车推着她。妈妈知道女儿的心思，女儿是想去试试能否碰见她的同学。

可是，"过尽千帆皆不是"，走了一会儿，女儿累了，快快不乐地回到家里，过了在故乡的最后一夜。

第二天是星期天，中午的火车。一大早，女孩又叫弟弟去电影院门口等着。女孩知道那天是他们学校的包场电影。女孩叮嘱弟弟：只告诉他们她又要去杭州了……也许他们很忙……

弟弟去了，在电影院门口站了大半天，最后快快不乐地一个人走了回来。原来，上午是初中同学看，下午才是高中，可下午女孩已在火车上了。

女孩就默默地趴在桌上，在纸上乱画。女孩说："今天不见，只怕我们会分得越来越远了……分离，每一笔画，都是一把利剑，直刺我的心头……"莫非女孩有了什么预感？可女孩从没为自己的病说过什么呀！

走了，真的走了，女孩坐上了去车站的三轮车。星期天的街上真热闹，女孩睁大了眼睛在人群中寻觅。"嘿，黄健！"忽然，女孩开心得大叫起来。是他，是她的同学，终于见到她的同学了！可是，人有情，车无情，车轮匆匆，女孩只来得及叫了一声："让他们来信！"再回首，人遮车拦，那同学已被人流淹没了。

"我总算看到一个同学了。"在告别衢州站台时，女孩拾起眸子，对妈妈凄然一笑，笑容中却溢出了几多眷恋，几多遗憾，几多无奈。

女孩累了

第二次到杭州，女孩腹腔内已有腹水了。女孩问爸爸："我什么时候才能出院？"爸爸说："不会太久的，最多在春节。"

哦，大约在冬季！女孩的眼睛又放出了光彩。刚好同学们又来了信，说大伙儿等她参加圣诞晚会，还说他们是星期天下午到她家的，可她刚刚离去……女孩笑了，让妈妈快去买信封、信纸，她要给同学们回信，告诉他们"大约会是在冬季"……可是，当妈妈买回信封、信纸时，女孩已昏昏沉沉睡着了。女孩太累了，一次抽大量血性腹水，已严重贫血！太阳从窗口照进来，落在她苍白的脸上，小小的嘴唇一点血色也没有了！女孩已没有力气再写信了，凶恶的病魔正吞噬着她那年轻的躯体。

看着她疼痛难忍的样子，爸爸让医生开了止痛片给她吃。可女孩不吃，连安眠的安定也不肯吃，"我还要读书，吃了会影响脑子。"女孩还想着读书！

为生命奏响颂歌

一直到了国庆节傍晚，她才主动要求吃止痛片，不是一片，是一把："爸，我实在是熬不住了！""我太累了，不能再读书了，我只做个待业青年，妈，这还不行吗？"

可残酷的死神还是步步紧逼。晚上八点，女孩似乎意识到了什么，对爸爸说："今天晚上我有些害怕，我们说说话，不睡觉，好吗？"

"当然好。"爸爸走过来，坐在女儿身边。

哦，爸爸老了，几个月的奔波，他显得瘦多了……女儿把头紧紧倚在爸爸身上，动情地说："我对不起你们了！"爸爸的心碎了，他强忍住马上要奔涌而出的泪，哆嗦着梳理着女儿柔软的头发："不，傻孩子，只要能治好你的病，只要……"

今天过国庆节，病房里真静。爸爸爱怜地扶女儿躺好，打开了电视机："你累了，咱们看电视吧！"

正演着国庆文艺晚会，女孩就挨着爸爸静静地看，静静地听。其实，早在几天前，女孩就看不清电视了，可她怕爸爸难过，就乖乖地听着那从电视机里传来的遥远而亲切的歌声。

渐渐地，歌声远了，不知从什么地方，传来了《欢乐颂》的乐曲，电视节目在《欢乐颂》中结束了，屏幕上映出了"再见"两个字。女孩对爸爸说："我累了，想睡觉了。"

女孩真的睡了，本来急促的呼吸渐渐平缓。爸爸觉得不大对劲，连忙叫醒了等着和爸爸换班的妈妈。妈妈扑了上去，亲着女儿冰凉的脸："颖，你醒醒，醒醒！妈妈在跟你说话呵！"

女孩的呼吸越来越慢了，她微微睁开眼睛，看着她亲爱的妈妈，撒娇似的嘟哝了一句："别吵，我要睡了……"

女孩真的睡了，安详地、永远地睡了。当医生急忙打了一针强心针后，她重重呼出一口气，然后就永远停止了呼吸……那时正是十月二日凌晨一时十五分。

哦，女孩，就这么潇潇洒洒地把她十六年的人生旅程走完了，把永远的青春，永远的微笑留给了爱她的亲友……

远了，远了，女孩越走越远了……

叮当，叮当，哪来的铃声？哦，火车已在终点停下了吗？这么快？一段旅程就这么结束了，我可什么也没来得及做呀。

我并不急着离去，我默默地站着，注视着这列小火车。叮当，叮当，它喘了口气，又往前去了。

人生就像一次旅行，你不能要求生命的列车稍微停留，它只能向着既定的终点飞驰。哦，这生命的列车奔驰起来是那么洒脱，那么富有运动的美感，而它一旦到了终点，就只能永远地凝滞在时间之旅的某一车站了……

（摘自女孩在高中时写的作文《铃声叮当》）

哦，永远！尽管遗憾，可终究美丽。

牵手阅读

女孩的生命灵动美好又充满希望，却昙花一现一般过早地陨落。但我们能够看到，在面对死亡之时，女孩仍然勇敢、乐观、对生命充满热爱。文章采用第三人称的写法，让我们作为旁观者却仿佛亲身经历了这场生命历程，令人动容。文章为什么叫"永远的女孩"？女孩的性格在文中是如何为我们展现的？我们应当如何面对疾病和死亡？

导读

下面这篇小说，写的是一群被逼至绝境的斑羚，为了赢得种群的生存机会，用牺牲一半挽救另一半的方法摆脱困境的壮举。一起来读一读，感受动物世界中的伟大。

斑羚飞渡

沈石溪

我们狩猎队分成好几个小组，在猎狗的帮助下，把这群斑羚逼到戛洛山的伤心崖上。

斑羚又名青羊，形似家养山羊，但颔下无须，善于跳跃，每只成年斑羚重约六七十斤。被我们逼到伤心崖上的这群斑羚约有七八十只。

斑羚是我们这一带猎人最喜爱的猎物。虽然公羊和母羊头上都长着两支短小如匕首的尖利的羊角，但性情温驯，死到临头也不会反抗，猎杀时不会有危险；斑羚肉肥腻细嫩，是上等山珍，毛皮又是制裘的好材料，价钱卖得很俏。所以，当我们完成了对斑羚群的围追堵截，猎狗和猎枪组成了两道牢不可破的封锁线，狩猎队的队长，也就是曼广弄寨的村长帕珐高兴得手舞足蹈："阿罗，我们要发财了！嘿，这个冬天就算其他猎物一只也打不着，光这群斑羚就够我们一年的酒钱啦！"每位猎人都红光满面，脸笑成了一朵花。

对付伤心崖上的斑羚，好比瓮中捉鳖。

伤心崖是戛洛山上的一大景观，一座山峰，像被一把利斧从中间劈开，从山底下的流沙河抬头往上看，宛如一线天，其实隔河对峙的两座山峰相距六米左右。两座山峰都是笔直的绝壁，到了山顶部位，都凌空向前伸出一块巨石，远远望去，就像一对彼此倾心的情人，正要热情地拥抱接吻。

之所以取名伤心崖，源自一个古老的传说：说是在缅桂花盛开的那一年，有个名叫喃木娜雅的仙女看中了一个年轻猎人，偷了钥匙从天庭溜到人间与年轻猎人幽会。不幸的是被她的丈夫发现了，他勃然大怒，悄悄跟踪。在仙女又一次下凡与年轻猎人见面，两人心急火燎张开双臂朝对方扑去，眼瞅着就要拥抱在一起的节骨眼上，仙女的丈夫突施法术，将两人点为石头，使一对饥渴的情人咫尺天涯，永远处在一种眼看就要得到却得不到的痛苦状态。

这群斑羚走到了伤心崖，算是走上了绝路。往后退，是咆哮的狗群和十几支会喷火闪电的猎枪；往前走，是几十丈深的绝壁，而且朝里弯曲，除了壁虎，任何生命都休想能顺着倒悬的山壁爬下去，一旦摔下去，不管是掉在流沙河里还是砸在岸边的沙砾上，小命都得玩完；假如能跳到对面的山峰上去，当然就绝路逢生转危为安了，但两座山峰最窄的地方也有六米宽，且两山平行，没有落差可资利用；斑羚虽有肌腱发达的四条长腿，极善跳跃，是食草类动物中的跳远冠军，但就像人跳远有个极限一样，在同一个水平线上，再健壮的公斑羚最多也只能跳出五米的成绩，母斑羚、小斑羚和老斑羚只能跳四米左右，能一跳跳过六米宽的山涧的斑羚堪称超级斑羚，而超级斑羚还没有生出来呢。

我们将斑羚逼进伤心崖后，围而不打，迟迟没放狗上去扑咬，也没开枪射击，这当然不是出于怜悯，而是担心斑羚们被我们逼急了，会不顾三七二十一，集体坠岩从悬崖跳下去的；它们跳下去假如摔在岸上，当然节省了我们的子弹，但不可能各个都按我们的心愿跳得那么准，肯定有许多落到流沙河里，很快就会被湍急的河水冲得无影无踪。我们不想让到手的钱财再流失，我们要一网打尽。

村长帕珐让波农丁带五个人到悬崖底下的流沙河边去守着，负责在岸上捡拾和从水里打捞那些山顶跳下去的斑羚。从伤心崖到流沙河，地势很陡，要绕半座山才下得去，最快也要走半小时。村长帕珐和波农丁约定，波农丁到了悬崖底下后，吹响牛角号，我们就立即开枪，同时放狗去咬。

　　我仍留在伤心崖上。我埋伏的位置离斑羚群只有四五十米，中间没有遮挡视线的障碍，斑羚们的一举一动都看得一清二楚。

　　开始，斑羚们发现自己陷入了进退维谷的绝境，一片惊慌，胡乱窜逃，有一只母斑羚昏头昏脑竟然企图穿越封锁线，立刻被早已等得不耐烦了的猎狗撕成碎片。有一只老斑羚不知是老眼昏花没测准距离，还是故意要逞能，竟退后十几步一阵快速助跑奋力起跳，想跳过六米宽的山涧去。结果可想而知，它在离对面山峰还有一米多的空中做了个滑稽的挺身动作，哀咩一声，像颗流星似的笔直坠落下去，好一会儿，悬崖下才传来扑通的水花声。

　　过了一会儿，斑羚群渐渐安静下来，所有的眼光都集中在一只身材特别高大毛色深棕油光水滑的公斑羚身上，似乎在等候这只公斑羚拿出使整个种群能免遭灭绝的好办法来。毫无疑问，这只公斑羚是这群斑羚的头羊，它头上的角比一般公斑羚要宽得多，形状像把镰刀，姑妄称它为镰刀头羊。镰刀头羊神态庄重地沿着悬崖巡视了一圈，抬头仰望雨后天晴湛蓝的苍穹，悲哀地咩了数声，表示自己也无能为力。

斑羚群又骚动起来。这时，被雨洗得一尘不染的天空突然出现一道彩虹，一头连着伤心崖，另一头飞越山涧，连着对面那座山峰，就像突然间架起了一座美丽的天桥。斑羚们凝望着彩虹。有一只灰黑色的母斑羚举步向彩虹走去，神情凝重，似乎已进入了某种幻觉状态。也许，它确实因为神经高度紧张而误以为那道虚幻的彩虹是一座实实在在的桥，可以通向生的彼岸；也许，它清楚那道色泽鲜艳远看像桥的东西其实是水汽被阳光折射出来的幻影，但既然走投无路了，那就怀着梦想与幻觉走向毁灭，起码可以减轻死亡的恐惧。

灰黑色的母斑羚的身体已经笼罩在彩虹炫目的斑斓光谱里，眼看就要一脚踩进深渊去，突然，镰刀头羊"咩——"发出一声吼叫。这叫声与我平常听到的羊叫迥然不同，没有柔和的颤音，没有甜腻的媚态，也没有绝望的叹息，音调虽然也保持了羊一贯的平和，但沉郁有力，透露出某种坚定不移的决心。灰黑色母斑羚如梦初醒，从悬崖边缘退了回来。

事后我想，镰刀头羊之所以在关键时刻想出这么一个挽救种群生存的绝妙办法来，或许就是受了那道彩虹的神秘启示，我总觉得彩虹那七彩光斑似乎与后来发生的斑羚群的飞渡有着一种美学上的沟通。

随着镰刀头羊的那声吼叫，整个斑羚群迅速分成两拨，老年斑羚为一拨，年轻斑羚为一拨。在老年斑羚队伍里，有公斑羚，也有母斑羚，身上的毛色都比较深，两支羊角基部的纹轮清晰可见；在年轻斑羚队伍里，年龄参差不齐，有身强力壮的中年斑羚，有刚刚踏进成年行列的大斑羚，也有稚气未脱的半大斑羚。两拨分开后，老年斑羚的数量显然要比年轻斑羚那拨少得多，大概少十几只；镰刀头羊本来站在年轻斑羚那拨里的，眼光在两拨斑羚间转了几个来回，悲怆地轻咩了一声，迈着沉重的步伐走到老年斑羚那一拨去了；有七八只中年公斑羚跟随着镰刀头羊，也自动从年轻斑羚那拨里走出来，归进老年斑羚的队伍。这么一倒腾，两拨斑羚的数量大致均衡了。

我看得很仔细，但弄不明白这是怎么回事。以年龄为标准划分出两拨来，这些斑羚究竟要干什么呢？

"波农丁这个老酒鬼，爬山比乌龟还爬得慢，怎么还没到悬崖底下？"村长帕珐小声咒骂道。他的两道剑眉拧成了疙瘩，显出内心的焦躁和不安。

村长帕珐是位有经验的猎手，事后我想，当时他一定已预感到会发生惊天动地的不平常的事，所以才会焦躁不安的，但他想象不出究竟会发生什么事。

我一面观察斑羚群的举动，一面频繁地看表，二十分钟过去了，二十二分钟过去了，二十五分钟过去了……按原计划，如果一切顺利的话，顶多再有三五分钟，悬崖底下就会传来牛角号闷沉的呜呜声，伤心崖上十来支猎枪就会喷吐出耀眼的火光。

这将是一场辉煌的狩猎，对人类而言。

这将是一场灭绝性的屠杀，对这群斑羚而言。

就在这时，我看见，从那拨老斑羚里走出一只老公羊来，颈上的毛长及胸部，脸上褶皱纵横，两支羊角早已被岁月风尘弄得残缺不全，一看就知道快到另一个世界去报到了。

老公羊走出队列，朝那拨年轻斑羚示意性地咩了一声，一只半大的斑羚应声走了出来。一老一少走到伤心崖，后退了几步。突然，半大的斑羚朝前飞奔起来，差不多同时，老公羊也扬蹄快速助跑。半大的斑羚跑到悬崖边缘，纵身一跃，朝山涧对面跳去，老公羊紧跟在半大斑羚后面，头一低，也从悬崖上蹿跃出去。这一老一少，跳跃的时间稍分先后，跳跃的幅度也略有差异，半大斑羚角度稍偏高些，老公羊角度稍偏低些，等于是一前一后，一高一低。我吃了一惊，怎么，自杀也要老少结成对子，一对一对去死吗？这只半大斑羚和这只老公羊，除非插上翅膀，是绝对不可能跳到对面那座山崖上去的！果然，半大斑羚只跳到四米左右的距离，身体就开始下倾，从最高点往下降落，空中画出一道可怕的弧形。我想，顶多再有一两秒钟，它就不可避免地要坠进深渊，坠进死亡的地狱去了。

我正这样想着，突然一个我做梦都无法想象的镜头出现了——老公羊凭着娴熟的跳跃技巧，在半大斑羚从最高点往下降落的瞬间，身体出现在半大斑羚的蹄下。老公羊的跳跃能力显然要比半大斑羚略胜一筹，当它的身体出现在半大斑羚蹄下时，刚好处在跳跃弧线的最高点，就像两艘宇宙飞船在空中完成了对接一样，半大斑羚的四只蹄子在老公羊宽阔结实的背上猛蹬了一下，就像免费享受一块跳板一样，它在空中再度起跳，下坠的身体奇迹般地再度升高；而老公羊就像燃料已输送完了的火箭残壳，自动脱离宇宙飞船，不，比火箭残壳更悲惨，在半大斑羚的猛力踢蹬下，像只被突然折断了翅膀的鸟笔直坠落下去。虽然这第二次跳跃力度远不如第一次，高度也只有地面跳跃的一半，但足够半大斑羚跨越剩下的最后两米路程了。只见它轻巧地落在对面山峰上，兴奋地咩叫一声，钻到磐石后面不见了。

试跳成功，紧接着，一对对斑羚凌空跃起，山涧上空画出一道道令人眼花缭乱的弧线，每一只年轻的斑羚成功飞渡，都意味着有一只老年斑羚摔得粉身碎骨。

山涧上空，和那道彩虹平行，架起了一座桥，那是一座用死亡做桥墩架设起来的桥。没有拥挤，没有争夺，次序井然，快速飞渡。我十分注意盯着那群注定要去送死的老斑羚，心想，或许有个别比较滑头的老斑羚，会从死亡那拨偷偷溜到新生那拨去，但让我震惊的是，从头至尾，没有一只老斑羚为自己调换位置。

它们心甘情愿用生命为下一代开通一条生存的道路。

绝大部分老斑羚，都用高超的跳跃技艺，将年轻斑羚平安地飞渡到对岸的山峰，只有一头衰老的母斑羚，在和一只小斑羚空中衔接时，大概力不从心，没能让小斑羚精确地踩上自己的背，结果一老一少一起坠进深渊。

我没想到，在面临种群灭绝的关键时刻，斑羚群竟然能想出牺牲一半挽救一半的办法来赢得种群的生存机会。我没想到，老斑羚们会那么从容地走向死亡。

　　我看得目瞪口呆，所有的猎人都看得目瞪口呆，连狗也惊讶地张大嘴，长长的舌头拖出嘴外，停止了吠叫。

　　就在这时，"呜——呜——"悬崖下传来牛角号声，村长帕珐如梦初醒，连声高喊："快开枪！快，快开枪！"

　　但已经晚了，伤心崖上，只剩下最后一只斑羚，唔，就是那只成功地指挥了这场斑羚群集体飞渡的镰刀头羊。这群斑羚不是偶数，恰恰是奇数，镰刀头羊孤零零地站在山峰上，既没有年轻的斑羚需要它做空中垫脚石飞渡到对岸去，也没有谁来飞渡它。

　　砰，砰砰，猎枪打响了，我看见，镰刀头羊宽阔的胸部冒出好几朵血花，它摇晃了一下，但没倒下去，迈着坚定的步伐，走向那道绚丽的彩虹。弯弯的彩虹一头连着伤心崖，一头连着对岸的山峰，像一座美丽的桥。

　　它走了上去，消失在一片灿烂中。

 牵手阅读

　　《斑羚飞渡》描写的是一群被逼至绝境的斑羚，这篇文章会让每一个读过的人受到精神的震撼，会启发人们重新认识这个万物共生的世界。文章一开始，先为我们展现了一个关乎生死存亡的场景。在这篇文章中，人类充当的是一个不光彩的角色，是自然的侵害者和掠夺者。我们不必回避这个问题。因为这篇文章恰恰给了我们一个反思人类所作所为、摆正人类在自然界中的位置的机会。全文中出现了"彩虹"这一意象，请你考虑作者这样写有什么意图。

为生命奏响颂歌

129

长大的旅程

导读

　　长久以来"柳"的形象便是类似"弱柳扶风"云云。那么这篇文章的作者为何眼光独到地赞颂"柳"呢？我们一起来看一看。

柳　信

宗　璞

　　今年的春，来得特别踌躇、迟疑，乍暖还寒，翻来覆去，仿佛总下不定决心。但是路边的杨柳，不知不觉间已绿了起来，绿得这样浅，这样轻，远望去迷迷蒙蒙，像是一片轻盈的、明亮的雾。我窗前的一株垂柳，也不知不觉在枝条上缀满新芽，泛出轻浅的绿，随着冷风，自如地拂动。这园中原有许多花木。这些年也和人一样，经历了各种斧钺（yuè）虫豸（zhì）之灾，只剩下一园黄土、几株俗称瓜子碴的树。还有这棵杨柳，年复一年，只管自己绿着。

　　少年时候，每到春来，见杨柳枝头一夜间染上了新绿，总是兴高采烈，觉得欢喜极了，轻快极了，好像那生命的颜色也染透了心头。曾在中学作文里写过这样几句：

嫩绿的春天又来了

看那陌头的杨柳色

世界上的生命都聚集在那儿了

不是么？

那年轻的眼睛般的鲜亮啊——

老师在这最后一句旁边打了密密的圈。我便想，应该圈点的，不是这段文字，而是那碧玉妆成、绿丝绦般的杨柳。

于是许多年来，便想写一篇《杨柳辩》，因为历来并不认为杨柳是该圈点的，总是以松柏喻坚贞，以蒲柳比轻贱。现在呢，"辩"的锐气已消，尚幸并未全然麻木，还能感觉到那柳枝透露的春消息。

抗战期间在南方，为躲避空袭，我们住在郊外一个庙里。这庙坐落在村庄附近的小山顶上，山上蓊（wěng）蓊郁郁，长满了各样的树木。一条歪斜的、可容下一辆马车的石板路从山脚蜿蜒而上。路边满是木香花，春来结成两道霜雪覆盖的花墙。花墙上飘着垂柳，绿白相映，绿的格外鲜嫩，白的格外皎洁，柳丝拂动，花儿也随着有节奏地摇头。

庙的右侧，有一个小山坡，草很深，杂生着野花，最多的是野杜鹃，在绿色的底子上形成红白的花纹。坡下有一条深沟，沟上横生着一株柳树，据说是雷击倒的。虽是倒着，还是每年发芽。靠山坡的一头有一个斜生的枝杈，总是长满长长的柳丝，一年有大半年绿阴阴的，好像一把撑开的绿伞。我和弟弟经常在这柳桥上跑来跑去，采野花，捉迷藏，不用树和灌木，只是草，已足够把我们藏起来了。

一个残冬，我家的小花猫死了。昆明的猫很娇贵，养大是不容易的。那是我第一次看到什么是死。它躺着，闭着眼。我和弟弟用猪肝拌了饭，放在它嘴边，它仍一动也不动。"它死了。"母亲说，"埋了吧。"我们呆呆地看着那显得格外瘦小的小猫，弟弟呜呜地哭了。我心里像堵上了什么，看了半天，还不离开。

"埋了吧，以后再买一只。"母亲安慰地说。

我作了一篇祭文，记得有"呜呼小花"一类的话，放在小猫身上。我们抬着盒子，来到山坡。我一眼便看中那柳伞下的地方，虽然当时只有枯枝。我们掘了浅浅的坑，埋葬了小猫。冷风在树木间吹动，我们那时都穿得十分单薄，不足以御寒的。我拉着弟弟的手，呆呆地站着，好像再也提不起玩的兴致了。

忽然间，那晃动的枯枝上透出的一点青绿色，照亮了我们的眼睛，那枝头竟然有一点嫩芽了，多鲜多亮呵！我猛然觉得心头轻松好多。杨柳绿了，杨柳绿了，我轻轻地反复在心里念诵着。那时我的词汇里还没有"生命"这些字眼，但只觉得自己又有了精神，一切都又有了希望似的。

时光流去了近四十年，我已经历了好多次的死别，到一九七七年，连我的母亲也撒手别去了。我们家里，最不能想象的就是没有我们的母亲了。母亲病重时，父亲说过一句话："没有你娘，这房子太空。"这房子里怎能没有母亲料理家务来去的身影，怎能没有母亲照顾每一个人、关怀每一个人的呵斥和提醒，那充满乡土风味的话音呢！然而母亲毕竟去了，抛下了年迈的父亲。母亲在病榻上用力抓住我的手时说过，她放心，因为她的儿女是好的。

我是尽量想做到让母亲放心的。我忙着料理许多事，甚至没有好好哭一场。

两个多月过去，时届深秋。园中衰草凄迷，落叶堆积。我从外面回来，走过藏在衰草落叶中的小径——这小径，我曾在深夜里走过多少次啊。请医生，灌氧气，到医

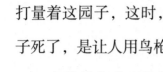

院送汤送药，但终于抵挡不住人生大限的到来。我茫然地打量着这园子，这时，侄儿迎上来说，家里的大猫——狮子死了，是让人用鸟枪打死的，已经埋了。

这是母亲喜欢的猫，是一只雪白的狮子猫，眼睛是蓝的，在灯下闪着红光。这两个月，它天天坐在母亲房门外等，也没有等得见母亲出来。我没有问埋在哪里，无非是在这一派清冷荒凉之中罢了。我却格外清楚深秋将落叶吹得团团转，枯草像是久未梳理的乱发，竖起来又倒下去。我的心直在往下沉，往下沉。忽然，我看见几缕绿色在冷风中瑟瑟地抖颤，原来是那株柳树。在冬日的萧索中，柳色有些黯淡，但在一片枯黄之间，它是在绿着。"这容易生长的、到处都有的、普通的柳树，并不怕冷。"我想着，觉得很安慰，仿佛得到了支持似的。

清明时节，我们将柳枝插在门外，据说是可以辟邪，又选了两枝，插在母亲骨灰盒旁的花瓶里。柳枝并不想跻身松柏等岁寒之友中，它只是努力尽自己的本分，尽量绿得长一些，就像一个普通正常的母亲，平凡清白的人一样。

柳枝在绿着，衬托着万紫千红。这些丝丝垂柳，是会织出大好春光的。

牵手阅读

本篇散文，以"柳"为线索。柳于作者，不仅是入眼令人心神愉悦的鲜亮，更是盎然的生命和崭新的希望。无论是被雷击倒斜生枝杈的柳桥，残冬死去的小·猫坟头的嫩芽，还是用来纪念母亲的柳枝，都是平凡清白的绿着，不争不抢，却十分坚韧。我们的生命当如柳树，在平淡之中用希望和信念熠熠生辉。柳为什么成为作者心中生命力的象征？既然是写柳，作者为何提及猫的死亡与母亲的病？

回望故乡

导读

细雨鱼儿出，微风燕子斜。燕子是候鸟，秋去春回，有迁徙的习惯。看见活泼的燕子飞来飞去，就说明新一年的春天又来到了。

海 燕

郑振铎

乌黑的一身羽毛，光滑漂亮，极伶极俐，加上一双剪刀似的尾巴，一对劲俊轻快的翅膀，凑成了那样可爱活泼的一只小燕子。当春间二三月，轻风微微地吹拂着，如毛的细雨无因地由天上洒落着，千条万条的柔柳，齐舒了它们黄绿的眼，红的白的黄的花，绿的草，绿的树叶，皆如赶赴市集者似的奔聚而来，形成了烂漫无比的春天时，那些小燕子，那么伶俐可爱的小燕子，便也由南方飞来，加入了这个隽妙无比的春景的图画中，为春光平添了许多的生趣。小燕子带了它的双剪似的尾，在微风细雨中，或在阳光满地时，斜飞于旷亮无比的天空之上，"唧"的一声，已由这里稻田上，飞到了那边的高柳之下了。再几只却隽逸地在波光粼粼的湖面横掠着，小燕子的剪尾或翼尖，偶沾了水面一下，那小圆晕便一圈一圈地荡漾开去。那边还有飞倦了的几对，闲散地憩息于纤细的电线上——嫩蓝的春天，几支木杆，几痕细线连于杆与杆间，线上是停着几个粗而有致的小黑点，那便是燕子，是多么有趣的一幅图画呀！还有一家家的快乐家庭，他们还特为我们的小燕子备了一两个小巢，放在厅梁的最高处，假如这家有了一个匾额，那匾后便是小燕子最好的安巢之所。第一年，小燕子来住了；第二年，我们的小燕子，就是去年的一对，它们还要来住。

"燕子归来寻旧垒。"

还是去年的主，还是去年的宾，他们宾主间是如何的融融泄泄呀！偶然的有几家，小燕子却不来光顾，那便很使主人忧戚，他们邀召不到那么隽逸的嘉宾，每以为自己命运的蹇劣呢。

这便是我们故乡的小燕子，可爱活泼的小燕子，曾使几多的孩子们欢呼着、注意着、沉醉着，曾使几多的农人们市民们忧戚着，或抒怀地指点着，且曾平添了几多的春色、几多的生趣于我们的春天的小燕子！

　　如今，离家是几千里！离国是几千里！托身于浮宅之上，奔驰于万顷海涛之间，不料却见着我们的小燕子。

　　这小燕子，便是我们故乡的那一对，两对么？便是我们今春在故乡所见的那一对，两对么？

　　见了它们，游子们能不引起，至少是轻烟似的，一缕两缕的乡愁么？

　　海水是皎洁无比的蔚蓝色，海波是平稳得如春晨的西湖一样，偶有微风，只吹起了绝细绝细的千万个翻翻的小皱纹，这更使照栖于初夏太阳光之下的、金光灿烂的水面显得温秀可喜。我没有见过那么美的海！天上也是皎洁无比的蔚蓝色，只有几片薄纱似的轻云，平贴于空中，犹如一个女郎，穿了绝美的蓝色夏衣，而颈间却围绕了一段绝细绝轻的白纱巾。我没有见过那么美的天空！我们倚在青色的船栏上，默默地望着这绝美的海天；我们一点儿杂念也没有，我们是被沉醉了，我们是被带入晶天中了。

　　就在这时，我们的小燕子，二只，三只，四只，在海上出现了。它们仍是隽逸从容地在海面上斜掠着，如在小湖面上一样；海水被它似剪的尾与翼尖一打，仍是连漾了好几圈圆晕。小小的燕子，浩莽的大海，飞着飞着，不会觉得倦么？不会遇着暴风雨么？我们真替它们担心呢！

小燕子却从容地憩着了。它们展开了双翼，身子一落，落在海面上了，双翼如浮圈似的支持着体重，活是一只乌黑的小水禽，在随波上下地浮着，又安闲，又舒适。海是它们那么安好的家，我们真是想不到。

在故乡，我们还会想象得到我们的小燕子是这样的一个海上英雄么？

海水仍是平贴无波，许多绝小绝小的海鱼，为我们的船所惊动，群向远处蹿去；随了它们飞蹿着，水面起了一条条的长痕，正如我当孩子时用瓦片打水漂在水面所划起的长痕。这小鱼是我们小燕子的粮食么？

小燕子在海面上斜掠着、浮憩着。它们果真是我们故乡的小燕子么？

啊，乡愁呀，如轻烟似的乡愁呀！

长大的旅程

牵手阅读

　　这是现代作家郑振铎创作的一篇散文。文章生动形象地描绘了小燕子的特征，作者用细腻的手法，借身处异乡时看见的小燕子表达了自己对祖国故乡的思念之情。文章中可分为两部分，一个是对故乡的春天和燕子的美好回忆，另一个是对真实所见的海景和海燕的形象描绘。想一想，作者是如何抒发浪迹天涯的游子对祖国和故乡魂牵梦萦的思念之情的。

故 乡

鲁 迅

我冒着严寒，回到相隔二千余里，别了二十余年的故乡去。

时候既然是深冬；渐近故乡时，天气又阴晦了，冷风吹进船舱中，呜呜的响，从篷隙向外一望，苍黄的天底下，远近横着几个萧索的荒村，没有一些活气。我的心禁不住悲凉起来了。

阿！这不是我二十年来时时记得的故乡？

我所记得的故乡全不如此。我的故乡好得多了。但要我记起他的美丽，说出他的佳处来，却又没有影像，没有言辞了。仿佛也就如此。于是我自己解释说：故乡本也如

回望故乡

143

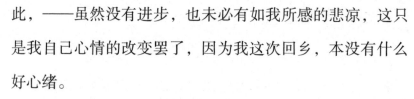

此，——虽然没有进步，也未必有如我所感的悲凉，这只是我自己心情的改变罢了，因为我这次回乡，本没有什么好心绪。

我这次是专为了别他而来的。我们多年聚族而居的老屋，已经公同卖给别姓了，交屋的期限，只在本年，所以必须赶在正月初一以前，永别了熟识的老屋，而且远离了熟识的故乡，搬家到我在谋食的异地去。

第二日清早晨我到了我家的门口了。瓦楞上许多枯草的断茎当风抖着，正在说明这老屋难免易主的原因。几房的本家大约已经搬走了，所以很寂静。我到了自家的房外，我的母亲早已迎着出来了，接着便飞出了八岁的侄儿宏儿。

我的母亲很高兴，但也藏着许多凄凉的神情，教我坐下，歇息，喝茶，且不谈搬家的事。宏儿没有见过我，远远的对面站着只是看。

但我们终于谈到搬家的事。我说外间的寓所已经租定了，又买了几件家具，此外须将家里所有的木器卖去，再去增添。母亲也说好，而且行李也略已齐集，木器不便搬运的，也小半卖去了，只是收不起钱来。

"你休息一两天，去拜望亲戚本家一回，我们便可以走了。"母亲说。

"是的。"

"还有闰土，他每到我家来时，总问起你，很想见你一回面。我已经将你到家的大约日期通知他，他也许就要来了。"

这时候，我的脑里忽然闪出一幅神异的图画来：深蓝的天空中挂着一轮金黄的圆月，下面是海边的沙地，都种着一望无际的碧绿的西瓜，其间有一个十一二岁的少年，项带银圈，手捏一柄钢叉，向一匹猹尽力的刺去，那猹却将身一扭，反从他的胯下逃走了。

这少年便是闰土。我认识他时，也不过十多岁，离现在将有三十年了；那时我的父亲还在世，家景也好，我正是一个少爷。那一年，我家是一件大祭祀的值年。这祭祀，说是三十多年才能轮到一回，所以很郑重；正月里供祖像，供品很多，祭器很讲究，拜的人也很多，祭器也很要防偷去。我家只有一个忙月（我们这里给人做工的分三种：整年给一定人家做工的叫长工；按日给人做工的叫短工；自己也种地，只在过年过节以及收租时候来给一定人家做工的称忙月），忙不过来，他便对父亲说，可以叫他的儿子闰土来管祭器的。

回望故乡

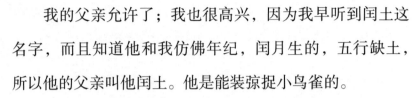

我的父亲允许了；我也很高兴，因为我早听到闰土这名字，而且知道他和我仿佛年纪，闰月生的，五行缺土，所以他的父亲叫他闰土。他是能装弶捉小鸟雀的。

我于是日日盼望新年，新年到，闰土也就到了。好容易到了年末，有一日，母亲告诉我，闰土来了，我便飞跑的去看。他正在厨房里，紫色的圆脸，头戴一顶小毡帽，颈上套一个明晃晃的银项圈，这可见他的父亲十分爱他，怕他死去，所以在神佛面前许下愿心，用圈子将他套住了。他见人很怕羞，只是不怕我，没有旁人的时候，便和我说话，于是不到半日，我们便熟识了。

我们那时候不知道谈些什么，只记得闰土很高兴，说是上城之后，见了许多没有见过的东西。第二日，我便要他捕鸟。他说："这不能。须大雪下了才好。我们沙地上，下了雪，我扫出一块空地来，用短棒支起一个大竹匾，撒下秕谷，看鸟雀来吃时，我远远地将缚在棒上的绳子只一拉，那鸟雀就罩在竹匾下了。什么都有：稻鸡，角鸡，鹁鸪，蓝背……"

我于是又很盼望下雪。

闰土又对我说："现在太冷，你夏天到我们这里来。我们日里到海边检贝壳去，红的绿的都有，鬼见怕也有，观音手也有。晚上我和爹管西瓜去，你也去。"

"管贼么？"

"不是。走路的人口渴了摘一个瓜吃，我们这里是不算偷的。要管的是獾猪，刺猬，猹。月亮底下，你听，啦啦的响了，猹在咬瓜了。你便捏了胡叉，轻轻地走去……"

我那时并不知道这所谓猹的是怎么一件东西——便是现在也没有知道——只是无端的觉得状如小狗而很凶猛。

"他不咬人么？"

"有胡叉呢。走到了，看见猹了，你便刺。这畜生很伶俐，倒向你奔来，反从胯下窜了。他的皮毛是油一般的滑……"

我素不知道天下有这许多新鲜事：海边有如许五色的贝壳；西瓜有这样危险的经历，我先前单知道他在水果店里出卖罢了。

"我们沙地里，潮汛要来的时候，就有许多跳鱼儿只是跳，都有青蛙似的两个脚……"

阿！闰土的心里有无穷无尽的希奇的事，都是我往常的朋友所不知道的。他们不知道一些事，闰土在海边时，他们都和我一样只看见院子里高墙上的四角的天空。

可惜正月过去了，闰土须回家里去，我急得大哭，他也躲到厨房里，哭着不肯出门，但终于被他父亲带走了。他后来还托他的父亲带给我一包贝壳和几支很好看的鸟毛，我也曾送他一两次东西，但从此没有再见面。

现在我的母亲提起了他，我这儿时的记忆，忽而全都闪电似的苏生过来，似乎看到了我的美丽的故乡了。我应声说："这好极！他，——怎样？……"

"他？……他景况也很不如意……"母亲说着，便向房外看，"这些人又来了。说是买木器，顺手也就随便拿走的，我得去看看。"

母亲站起身，出去了。门外有几个女人的声音。我便招宏儿走近面前，和他闲话：问他可会写字，可愿意出门。

"我们坐火车去么？"

"我们坐火车去。"

"船呢？"

"先坐船，……"

"哈！这模样了！胡子这么长了！"一种尖利的怪声突然大叫起来。

我吃了一吓，赶忙抬起头，却见一个凸颧骨，薄嘴唇，五十岁上下的女人站在我面前，两手搭在髀间，没有系裙，张着两脚，正像一个画图仪器里细脚伶仃的圆规。

我愕然了。

"不认识了么？我还抱过你咧！"

我愈加愕然了。幸而我的母亲也就进来，从旁说："他多年出门，统忘却了。你该记得罢，"便向着我说，"这是斜对门的杨二嫂，……开豆腐店的。"

哦，我记得了。我孩子时候，在斜对门的豆腐店里确乎终日坐着一个杨二嫂，人都叫伊"豆腐西施"。但是擦着白粉，颧骨没有这么高，嘴唇也没有这么薄，而且终日坐着，我也从没有见过这圆规式的姿势。那时人说：因为伊，这豆腐店的买卖非常好。但这大约因为年龄的关系，我却并未蒙着一毫感化，所以竟完全忘却了。然而圆规很不平，显出鄙夷的神色，仿佛嗤笑法国人不知道拿破仑，美国人不知道华盛顿似的，冷笑说：

"忘了？这真是贵人眼高……"

"那有这事……我……"我惶恐着，站起来说。

"那么，我对你说。迅哥儿，你阔了，搬动又笨重，你还要什么这些破烂木器，让我拿去罢。我们小户人家，用得着。"

"我并没有阔哩。我须卖了这些，再去……"

"阿呀呀，你放了道台了，还说不阔？你现在有三房姨太太；出门便是八抬的大轿，还说不阔？吓，什么都瞒不过我。"

我知道无话可说了，便闭了口，默默的站着。

"阿呀阿呀，真是愈有钱，便愈是一毫不肯放松，愈是一毫不肯放松，便愈有钱……"圆规一面愤愤的回转身，一面絮絮的说，慢慢向外走，顺便将我母亲的一副手套塞在裤腰里，出去了。

此后又有近处的本家和亲戚来访问我。我一面应酬，偷空便收拾些行李，这样的过了三四天。

一日是天气很冷的午后，我吃过午饭，坐着喝茶，觉得外面有人进来了，便回头去看。我看时，不由的非常出惊，慌忙站起身，迎着走去。

这来的便是闰土。虽然我一见便知道是闰土，但又不是我这记忆上的闰土了。他身材增加了一倍；先前的紫色的圆脸，已经变作灰黄，而且加上了很深的皱纹；眼睛也像他父亲一样，周围都肿得通红，这我知道，在海边种地的人，终日吹着海风，大抵是这样的。他头上是一顶破毡帽，身上只一件极薄的棉衣，浑身瑟索着；手里提着一个纸包和一支长烟管，那手也不是我所记得的红活圆实的手，却又粗又笨而且开裂，像是松树皮了。

我这时很兴奋，但不知道怎么说才好，只是说：

"阿！闰土哥，——你来了？……"

我接着便有许多话，想要连珠一般涌出：角鸡，跳鱼儿，贝壳，猹，……但又总觉得被什么挡着似的，单在脑里面回旋，吐不出口外去。

他站住了，脸上现出欢喜和凄凉的神情；动着嘴唇，却没有作声。他的态度终于恭敬起来了，分明的叫道：

"老爷！……"

我似乎打了一个寒噤；我就知道，我们之间已经隔了一层可悲的厚障壁了。我也说不出话。

他回过头去说："水生，给老爷磕头。"便拖出躲在背后的孩子来，这正是一个廿年前的闰土，只是黄瘦些，颈子上没有银圈罢了。"这是第五个孩子，没有见过世面，躲躲闪闪……"

母亲和宏儿下楼来了，他们大约也听到了声音。

"老太太。信是早收到了。我实在喜欢的了不得，知道老爷回来……"闰土说。

"阿，你怎的这样客气起来。你们先前不是哥弟称呼么？还是照旧：迅哥儿。"母亲高兴的说。

"阿呀，老太太真是……这成什么规矩。那时是孩子，不懂事……"闰土说着，又叫水生上来打拱，那孩子却害羞，紧紧的只贴在他背后。

"他就是水生？第五个？都是生人，怕生也难怪的；还是宏儿和他去走走。"母亲说。

宏儿听得这话，便来招水生，水生却松松爽爽同他一路出去了。母亲叫闰土坐，他迟疑了一回，终于就了坐，将长烟管靠在桌旁，递过纸包来，说：

"冬天没有什么东西了。这一点干青豆倒是自家晒在那里的，请老爷……"

我问问他的景况。他只是摇头。

"非常难。第六个孩子也会帮忙了，却总是吃不够……又不太平……什么地方都要钱，没有规定……收成又坏。种出东西来，挑去卖，总要捐几回钱，折了本；不去卖，又只能烂掉……"

他只是摇头；脸上虽然刻着许多皱纹，却全然不动，仿佛石像一般。他大约只是觉得苦，却又形容不出，沉默了片时，便拿起烟管来默默的吸烟了。

母亲问他，知道他的家里事务忙，明天便得回去；又没有吃过午饭，便叫他自己到厨下炒饭吃去。

他出去了；母亲和我都叹息他的景况：多子，饥荒，苛税，兵，匪，官，绅，都苦得他像一个木偶人了。母亲对我说，凡是不必搬走的东西，尽可以送他，可以听他自己去拣择。

下午，他拣好了几件东西：两条长桌，四个椅子，一副香炉和烛台，一杆抬秤。他又要所有的草灰（我们这里煮饭是烧稻草的，那灰，可以做沙地的肥料），待我们启程的时候，他用船来载去。

夜间，我们又谈些闲天，都是无关紧要的话；第二天早晨，他就领了水生回去了。

又过了九日，是我们启程的日期。闰土早晨便到了，水生没有同来，却只带着一个五岁的女儿管船只。我们终日很忙碌，再没有谈天的工夫。来客也不少，有送行的，有拿东西的，有送行兼拿东西的。待到傍晚我们上船的时候，这老屋里的所有破旧大小粗细东西，已经一扫而空了。

我们的船向前走，两岸的青山在黄昏中，都装成了深黛颜色，连着退向船后梢去。

宏儿和我靠着船窗，同看外面模糊的风景，他忽然问道：

"大伯！我们什么时候回来？"

"回来？你怎么还没有走就想回来了。"

"可是，水生约我到他家玩去咧……"他睁着大的黑眼睛，痴痴的想。

我和母亲也都有些惘然，于是又提起闰土来。母亲说，那豆腐西施的杨二嫂，自从我家收拾行李以来，本是每日必到的，前天伊在灰堆里，掏出十多个碗碟来，议论之后，便定说是闰土埋着的，他可以在运灰的时候，一齐搬回家里去；杨二嫂发现了这件事，自己很以为功，便拿了那狗气杀（这是我们这里养鸡的器具，木盘上面有着栅栏，内盛食料，鸡可以伸进颈子去啄，狗却不能，只能看着气死），飞也似的跑了，亏伊装着这么高底的小脚，竟跑得这样快。

老屋离我愈远了；故乡的山水也都渐渐远离了我，但我却并不感到怎样的留恋。我只觉得我四面有看不见的高墙，将我隔成孤身，使我非常气闷；那西瓜地上的银项圈的小英雄的影像，我本来十分清楚，现在却忽地模糊了，又使我非常的悲哀。

母亲和宏儿都睡着了。

我躺着，听船底潺潺的水声，知道我在走我的路。我想：我竟与闰土隔绝到这地步了，但我们的后辈还是一气，宏儿不是正在想念水生么。我希望他们不再像我，又大家隔膜起来……然而我又不愿意他们因为要一气，都如我的辛苦展转而生活，也不愿意他们都如闰土的辛苦麻木而生活，也不愿意都如别人的辛苦恣睢而生活。他们应该有新的生活，为我们所未经生活过的。

我想到希望，忽然害怕起来了。闰土要香炉和烛台的时候，我还暗地里笑他，以为他总是崇拜偶像，什么时候都不忘却。现在我所谓希望，不也是我自己手制的偶像么？只是他的愿望切近，我的愿望茫远罢了。

我在朦胧中，眼前展开一片海边碧绿的沙地来，上面深蓝的天空中挂着一轮金黄的圆月。我想：希望是本无所谓有，无所谓无的。这正如地上的路；其实地上本没有路，走的人多了，也便成了路。

一九二一年一月

长大的旅程

牵手阅读

　　鲁迅，著名文学家、思想家，五四新文化运动的重要参与者，中国现代文学的奠基人之一。《故乡》讲述的是"我"回到家乡的所见所闻所感。想一想，作者为什么要写儿时的回忆呢？《故乡》除了是一个失落的还乡故事，还有更深层的内在含义吗？"我"为何要再次离乡呢？鲁迅先生想要表达的其实是现代知识分子怀有的乡土情结与现代性渴望之间的矛盾情结，以及现代知识分子精神家园的失落。

导读

当你离家远行，你会不会想念自己的家乡呢？北平，也就是北京，是著名作家老舍的故乡。这是一篇生活气息浓厚的散文，老舍身处异地，在战乱纷飞的岁月中，远远地思念着他挚爱的家乡北平。体会一下老舍是怎样比较北京与巴黎、伦敦的，这种比较是不是带着强烈的个人情感。

想北平

老 舍

设若让我写一本小说，以北平作背景，我不至于害怕，因为我可以捡着我知道的写，而躲开我所不知道的。让我单摆浮搁地讲一套北平，我没办法。北平的地方那么大，事情那么多，我知道的真觉太少了，虽然我生在那里，一直到廿七岁才离开。以名胜说，我没到过陶然亭，这多可笑！以此类推，我所知道的那点儿只是"我的北平"，而我的北平大概等于牛的一毛。

可是，我真爱北平。这个爱几乎是要说而说不出的。

回望故乡

157

我爱我的母亲。怎样爱？我说不出。在我想做一件事讨她老人家喜欢的时候，我独自微微地笑着；在我想到她的健康而不放心的时候，我欲落泪。言语是不够表现我的心情的，只有独自微笑或落泪才足以把内心揭露在外面一些来。我之爱北平也近乎这个。夸奖这个古城的某一点是容易的，可是那就把北平看得太小了。我所爱的北平不是枝枝节节的一些什么，而是整个儿与我的心灵相黏合的一段历史，一大块地方，多少风景名胜，从雨后什刹海的蜻蜓一直到我梦里的玉泉山的塔影，都积凑到一块，每一小的事件中有个我，我的每一思念中有个北平，这只有说不出而已。

真愿成为诗人，把一切好听好看的字都浸在自己的心血里，像杜鹃似的啼出北平的俊伟。啊！我不是诗人！我将永远道不出我的爱，一种像由音乐与图画所引起的爱。这不但是辜负了北平，也对不住我自己，因为我的最初的知识与印象都得自北平，它是在我的血里，我的性格与脾气里有许多地方是这古城所赐给的。我不能爱上海与天津，因为我心中有个北平。可是我说不出来！

伦敦，巴黎，罗马与堪司坦丁堡（今译：君士坦丁堡），曾被称为欧洲的四大"历史的都城"。我知道一些伦敦的情形，巴黎与罗马只是到过而已，堪司坦丁堡根本没有去过。就伦敦、巴黎、罗马来说，巴黎更近似北平——虽然"近似"两字要拉扯得很远——不过，假使让我"家住巴黎"，我一定会和没有家一样地感到寂苦。巴黎，据我看，还太热闹。自然，那里也有空旷静寂的地方，可是又未免太旷，不像北平那样既复杂而又有个边际，使我能摸着——那长着红酸枣的老城墙！面向着积水潭，背后是城墙，坐在石上看水中的小蝌蚪或苇叶上的嫩蜻蜓，我可以快乐地坐一天，心中完全安适，无所求也无可怕，像小儿安睡在摇篮里。是的，北平也有热闹的地方，但是它和太极拳相似，动中有静。巴黎有许多地方使人疲乏，所以咖啡与酒是必要的，以便刺激；在北平，有温和的香片茶就够了。

　　论说巴黎的布置已比伦敦、罗马匀调得多了，可是比上北平还差点儿事儿。北平在人为之中显出自然，几乎是什么地方既不挤得慌，又不太僻静：最小的胡同里的房子也有院子与树，最空旷的地方也离买卖街与住宅区不远。这种分配法可以算——在我的经验中——天下第一了。北平的好处不在处处设备得完全，而在它处处有空儿，可以使人自由地喘气；不在有好些美丽的建筑，而在建筑的四

159

回望故乡

围都有空闲的地方，使它们成为美景。每一个城楼，每一个牌楼，都可以从老远就看见。况且在街上还可以看见北山与西山呢。

好学的，爱古物的，人们自然喜欢北平，因为这里书多古物多。我不好学，也没钱买古物。对于物质上，我却喜爱北平的花多菜多果子多。花草是种费钱的玩意，可是此地的"草花儿"很便宜，而且家家有院子，可以花不多的钱而种一院子花，即使算不了什么，可是到底可爱呀。墙上的牵牛，墙根的靠山竹与草茉莉，是多么省钱省事而也足以招来蝴蝶呀！至于青菜，白菜，扁豆，毛豆角，黄瓜，菠菜，等等，大多数是直接由城外担来而送到家门口的。雨后，韭菜叶上还往往带着雨时溅起的泥点。青菜摊子上的红红绿绿几乎有诗似的美丽。果子有不少是由西山与北山来的，西山的沙果、海棠，北山的黑枣、柿子，进了城还带着一层白霜儿呀！哼，美国的橘子包着纸，遇到北平的带霜儿的玉李，还不愧杀！

是的，北平是个都城，而能有好多自己产生的花、菜、水果，这就使人更接近了自然。从它里面说，它没有像伦敦的那些成天冒烟的工厂；从外面说，它紧连着园林、菜圃与农村。"采菊东篱下"，在这里，确是可以悠然见南山的，大概把"南"字变个"西"或"北"，也没有多少了不得的吧。像我这样的一个贫寒的人，或者只有在北平能享受一点儿清福了。

好，不再说了吧；要落泪了，真想念北平呀！

牵手阅读

老舍，原名舒庆春，字舍予，现代著名作家、戏剧家，代表作有小说《骆驼祥子》《四世同堂》，剧本《茶馆》。老舍生在北京长在北京，很多作品都是以北京为背景，展现了丰富多彩的北京社会风情。作者用最通俗质朴的言辞，用最能引人共鸣的表达方式，抒写了对北平的深情眷恋，通过与巴黎、伦敦等城市的比较，突出北平的特点，一处景便渗出刻骨铭心的一缕情，"我的每一思念中有个北平"。

我们一起成长

导读

前面是万丈深渊，后面是美洲狮的追赶，一向胆小的小山羊卡夫里托能够克服心中的胆怯，勇敢地跳过深渊吗？

英雄小山羊

［玻利维亚］阿尔法罗

小山羊卡夫里托最害怕跳过深渊。

"快跳呀！"妈妈对他说，"你瞧，那一边长着好多嫩青草啊！"

山羊妈妈使劲把胆小的儿子推向悬崖边，可是小山羊动也不动。后来他忽然从犄角到蹄子瑟瑟抖起来，妈妈失去耐心，就独自跳过去了。

"你勇敢一点儿呀！"她又跳回来，劝着儿子。但是她的一切要求都白费了。

"不，我不行。"卡夫里托可怜巴巴地咩咩叫着说，"我一往下看，头立刻就晕了。"

"那么，你试一试闭上眼睛跳。"妈妈给他出主意。

"咩——这样更可怕！"卡夫里托的眼睛里含满了泪水。

在这期间，其他上学读书的小山羊早已跳过了山谷和深渊，他们很喜欢这样做。他们的老师都是长着大弯角的健壮的山羊。为了圆满地结束学业，小山羊必须参加考试——一连跳过七个深渊，从狭窄的山谷到山顶上的巨大岩缝。

小山羊们已经升入最后一个年级，因为他们学会了一连跳过六个深渊。可是胆小的卡夫里托还像以前一样，束手无策地在第一座山谷的边缘停下了脚步。他的妈妈为胆小的儿子感到十分羞愧。有一次，她气得甚至对他说："不，你不是一只山羊，只是一只普通的小绵羊！"她很伤心，离开卡夫里托，跑到另一座山上去吃草了。

卡夫里托走到一棵不大的树旁边，打算在树下等着妈妈回来。

忽然……他听见在附近的什么地方，从后面传来了一声可怕的吼叫。他回过头去，在离自己几步远的小树丛里，看到一只巨大的满身花斑的美洲狮。狮子张大了嘴，直接朝他跑来。

小山羊大吃一惊，竟忘记了自己害怕的深渊，急忙用四蹄往地上一撑，就轻快地跳过了小山谷！可是，美洲狮在他后面紧追不舍。当然，对狮子来说，跳过一座狭窄的小山谷是毫不费力的。于是卡夫里托又用蹄子一撑，越过了一个不大的深渊，美洲狮也没有落后。小山羊奔跑着又跳过第三个、第四个、第五个、第六个深渊。在第七个深渊的边上，所有的小山羊学生和他们的老师，都聚集在那儿，不敢决定跳过去。卡夫里托像一支飞箭似的，从他们头顶上跳了过去，然后……稳稳地落到这个最大的深渊的另一边。

这时，美洲狮已经远远地落在后面，他在第四个深渊的某个地方，从远处龇牙咧嘴地望着这个大胆的小家伙。

那些小山羊和他们的老师都惊奇得呆住了。他们异常激动地望着这个勇士，很想弄明白：这个神奇的跳跃冠军如此轻快地跳过了全部障碍，现在雄赳赳气昂昂地站在最陡峭的岩石顶上，他究竟是谁呢？

"我简直不相信自己的眼睛了，这不可能……不过，这确实是我的儿子！"忽然，卡夫里托的妈妈惊叫道。

"是的，是他，是他！"小山羊们都喊起来，"啊，他真是好样儿的，他跳得比我们大家都好！"

"我儿子是真正的英雄！"卡夫里托的妈妈幸福愉快地

喊道。

"对，他是英雄，他是英雄！"小山羊们跟着羊妈妈喊起来。

卡夫里托的成功大大鼓舞了他们，他们开始一个个勇敢坚决地跳过这个最大的第七个深渊！后来，他们在深渊的另一边聚到一起，把卡夫里托团团围住，就像对待一位真正的英雄那样，用自己的弯角把他高高举起来。

当然，他们中的任何一个连想都不会想到，卡夫里托能够成为英雄，是因为身后的美洲狮在追赶他！关于这件事，卡夫里托谁都没有告诉，连自己的妈妈也没有告诉。再说，问题并不在这里。主要的是，现在他比大家跳得更高、更好、更勇敢，现在妈妈可以为他骄傲了！

（张继馨 译）

牵手阅读

　　这则发生在小动物们之间的故事告诉我们，在遇到困难时不要轻易退缩，要勇敢地面对，有时候最糟糕的处境恰恰能成为推动我们成长的契机，努力一把，我们就能成功！所以同学们，阅读了小山羊卡夫里托的故事，当你在生活中遇到难题和挑战时，你会如何应对呢？你认为勇敢的品质对我们来说重要吗？

在我们学习写作文的时候，一定都写过以"我的妈妈"为主题的作文，而有一个小女孩的思路不同寻常，她的题目是"我的傻瓜妈妈"。那么她为什么要这样说呢？

我的傻瓜妈妈

朱建勋

一个偶然的机会，听朋友说，台北某小学一至六年级的学生每人写了篇题为"母亲"的作文，第二天在学校礼堂举行获奖作文朗读会，出于好奇，我去做了采访。

刚开始的时候，总是听到孩子们朗诵"我的妈妈是天下最伟大、最好的妈妈"，千篇一律的内容真使人想打瞌睡。我心中盘算，再听几位小朋友朗读，就先行离去，不料，下一位上台的女孩开口的头一句话，便使我大吃一惊。

她首先以清脆悦耳的声音高声地念出作文题目，并做自我介绍——

"我的妈妈是个傻瓜",（大笑）五年级，甲班，陈小华。

我的妈妈是真正的傻瓜，她经常做错事，有好几次，妈妈做菜做到一半又去晒衣服，结果锅里的汤汁都溢了出来。她为了把火关掉，一紧张，就把还没有挂上竹竿的衣服全丢在地上。结果衣服弄脏了，锅子也被她弄翻了，两边都是一塌糊涂。

这时我的傻瓜妈妈就会以滑稽的表情，红着脸向我爸爸道歉："我真差劲，对不起呀，下次我会注意的！"

而爸爸就会笑着回答说："你真蠢。"

不过我认为说这话的爸爸也一样是傻瓜爸爸。（大笑）有一天早上，大家正在吃早饭的时候，爸爸突然慌慌张张地从房间里面奔出来，他一边穿上衣，打领带，一边找公文包，找到以后说了声："啊！糟啦，来不及了。"就奔出大门。

"放心，他一会儿就会回来的。"妈妈倒是相当镇静。

果然不出所料，爸爸没多久就走回来，而且很不好意思地挠着头说："你们看，我空忙了一场，竟然忘了今天是星期天呢！哈哈——"

这就是我爸爸也是傻瓜的原因。

由这种爸爸和妈妈所生下的我，当然不可能是聪明的，弟弟也一样是傻瓜，我家里每一个都是傻瓜。（笑）可是我——（全场突然安静下来）

我非常喜欢我的傻瓜妈妈，我比世界上任何一个人都还要喜欢她。（观众席中许多母亲不禁拿出手帕来擦眼泪）

我长大以后，也要变成像傻瓜妈妈一样的女人，和像我的傻瓜爸爸一样的男人结婚、生小孩，然后抚养像我一样的傻瓜姐姐和像弟弟一样的傻瓜弟弟，变成像我现在的家一样温暖又快乐的家庭。请傻瓜妈妈一定保持健康，等到那时候。（大家纷纷流泪）

等到这个小女孩朗诵结束以后，我才看清原来是一位身穿学生服，外罩红毛衣、扎着两条小辫子的女学生。她在泪水、笑容和鼓掌声中步下讲台，然后跑到因高兴而流泪的"傻瓜妈妈"身边。

长大的旅程

牵手阅读

　　小女孩的一篇"傻瓜妈妈"，把自己的一家都说成是傻瓜，吸引了大家的注意力。小女孩一句"我非常喜欢我的傻瓜妈妈，我比世界上任何一个人都还要喜欢她"的宣言，让所有人感动。有了真情，才会不落俗套。请你和妈妈一起阅读这篇文章，并也试着写写自己的妈妈吧。

中国传统文化里，对纲常伦理是十分重视的，所以，父与子、兄与弟之间的关系是十分严肃明确的。那么，是什么让多年的父子变成了兄弟？看看这篇情真意切的文章，你就会有了答案。

多年父子成兄弟

汪曾祺

这是我父亲的一句名言。

父亲是个绝顶聪明的人。他是画家，会刻图章，画写意花卉。图章初宗浙派，中年后治汉印。他会摆弄各种乐器，弹琵琶，拉胡琴，笙箫管笛，无一不通。他认为乐器中最难的其实是胡琴，看起来简单，只有两根弦，但是变化很多，两手都要有功夫。他拉的是老派胡琴，弓子硬，松香滴得很厚——现在拉胡琴的松香都只滴了薄薄的一层。他的胡琴音色刚亮。胡琴码子都是他自己刻的，他认为买来的不中使。他养蟋蟀，养金铃子。他养过花，他养的一盆素心兰在我母亲病故那年死了，从此他就不再养花。我母亲死后，他亲手给她做了几箱子冥衣——我们那里有烧冥衣的风俗。按照母亲生前的喜好，选购了各种花素色纸做衣料，单夹皮棉，四时不缺。他做的皮衣能分得出小麦穗、羊羔、灰鼠、狐肷。

父亲是个很随和的人，我很少见他发过脾气，对待子女，从无疾言厉色。他爱孩子，喜欢孩子，爱跟孩子玩，带着孩子玩。我的姑妈称他为"孩子头"。春天，不到清明，他领一群孩子到麦田里放风筝。放的是他自己糊的蜈蚣（我们那里叫"百脚"），是用染了色的绢糊的。放风筝的线是胡琴的老弦。老弦结实而轻，这样风筝可笔直的飞上去，没有"肚儿"。用胡琴弦放风筝，我还未见过第二人。清明节前，小麦还没有"起身"，是不怕践踏的，而且越踏会越长得旺。孩子们在屋里闷了一冬天，在春天的田野里奔跑跳跃，身心都极其畅快。他用钻石刀把玻璃裁成不同形状的小块，再一块一块聚拢，接缝处用胶水粘牢，做成小桥、小亭子、八角玲珑水晶球。桥、亭、球是中空的，里面养了金铃子。从外面可以看到金铃子在里面自在爬行，振翅鸣叫。他会做各种灯。用浅绿透明的"鱼鳞纸"扎了一只纺织娘，栩栩如生。用西洋红染了色，上深下浅，通草做花瓣，做了一个重瓣荷花灯，真是美极了。用小西瓜（这是拉秧的小瓜，因其小，不中吃，叫作"打瓜"或"笃瓜"）上开小口挖净瓜瓤，在瓜皮上雕镂出极细的花纹，做成西瓜灯。我们在这些灯里点了蜡烛，穿街过巷，邻居的孩子都跟过来看，非常羡慕。

　　父亲对我的学业是关心的，但不强求。我小时了了，国文成绩一直是全班第一。我的作文，时得佳评，他就拿出去到处给人看。我的数学不好，他也不责怪，只要能及格就行了。他画画，我小时也喜欢画画，但他从不指点我。他画画时，我在旁边看，其余时间由我自己乱翻画谱，瞎抹。我对写意花卉那时还不太会欣赏，只是画一些鲜艳的大桃子，或者我从来没有见过的瀑布。我小时字写得不错，他倒是给我出过一点主意。在我写过一阵"圭峰碑"和"多宝塔"以后，他建议我写写"张猛龙"。这建议是很好的，到现在我写的字还有"张猛龙"的影响。我初中时爱唱戏，唱青衣，我的嗓子很好，高亮甜润。在家里，他拉胡琴，我唱。我的同学有几个能唱戏的，学校开同乐会，他应我的邀请，到学校去伴奏。几个同学都只是清唱。有一个姓费的同学借到一顶纱帽，一件蓝官衣，扮起来唱"朱砂井"，但是没有配角，没有衙役，没有犯人，只是一个赵廉，摇着马鞭在台上走了两圈，唱了一段"郡坞县在马上心神不定"便完事下场。父亲那么大的人陪着几个孩子玩了一下午，还挺高兴。我十七岁初恋，暑假里，在家写情书，他在一旁瞎出主意。我十几岁就学会了抽烟喝酒。他喝酒，给我也倒一杯。抽烟，一次抽出两根，他一根我一根。他还总是先给我点上火。我们的这种关系，他人或以为怪。父亲说："我们是多年父子成兄弟。"

我和儿子的关系也是不错的。我戴了"右派分子"的帽子下放张家口农村劳动，他那时还未从幼儿园刚毕业，刚刚学会汉语拼音，用汉语拼音给我写了第一封信。我也只好赶紧学会汉语拼音，好给他写回信。"文化大革命"期间，我被打成"黑帮"，送进"牛棚"。偶尔回家，孩子们对我还是很亲热。我的老伴告诫他们"你们要和爸爸'划清界限'"，儿子反问母亲："那你怎么还给他打酒？"只有一件事，两代之间，曾有分歧。他下放山西忻县"插队落户"。按规定，春节可以回京探亲。我们等着他回来。不料他同时带回了一个同学。他这个同学的父亲是一位正受林彪迫害，搞得人囚家破的空军将领。这个同学在北京已经没有家，按照大队的规定是不能回北京的，但是这孩子很想回北京，在一伙同学的秘密帮助下，我的儿子就偷偷地把他带回来了。他连"临时户口"也不能上，是个"黑人"，我们留他在家住，等于"窝藏"了他。公安局随时可以来查户口，街道办事处的大妈也可能举报。当时人人自危，自顾不暇，儿子惹了这么一个麻烦，使我们非常为难。我和老伴把他叫到我们的卧室，对他的冒失行为表示很不满，我责备他："怎么事前也不和我们商量一下！"我的儿子哭了，哭得很委屈，很伤心。我们当时立刻明白了：他是对的，我们是错的。我们这种怕担干系的思想是庸俗的。我们对儿子和同学之间的义气缺乏理解，对他的感情不够尊重。他的同学在我们家一直住了四十多天，才离去。

对儿子的几次恋爱，我采取的态度是"闻而不问"。了解，但不干涉。我们相信他自己的选择，他的决定。最后，他悄悄和一个小学时期女同学好上了，结了婚。有了一个女儿，已近七岁。我的孩子有时叫我"爸"，有时叫我"老头子"！连我的孙女也跟着叫。我的亲家母说这孩子"没大没小"。我觉得一个现代化的、充满人情味的家庭，首先必须做到"没大没小"。父母叫人敬畏，儿女"笔管条直"，最没有意思。

儿女是属于他们自己的。他们的现在，和他们的未来，都应由他们自己来设计。一个想用自己理想的模式塑造自己的孩子的父亲是愚蠢的，而且，可恶！另外作为一个父亲，应该尽量保持一点童心。

 牵手阅读

> 汪曾祺是当代作家，被誉为"抒情的人道主义者"，他的文章以写真实、说真话、抒真情为特点。本文作者记述了父亲与自己、自己与儿子之间那种亲近、温馨、平等的关系。做父亲的能尽量保持一点童心，与儿子处成兄弟一般的关系，是对孩子的尊重和理解，这是父子人伦关系的一种较高的境界。这关系的实现，需要的是沟通，是交流，是彼此之间的信任。仔细阅读全文，文章共描述了父子之间几件事情？你觉得作为子女应该怎么做才能与父母建立这种关系？

　　小学版《语文第二课堂》自2019年出版后，得到读者的广泛好评，为配合市场需求，我们在《语文第二课堂》基础上，根据专家和读者的反馈定制了这一拓展阅读版。这套图书得到了许多作者和译者的帮助，在此一并致谢。部分文章因编选的需要，做了删改，特此说明。虽经多方努力，仍有部分版权所有人未能于出版前取得联系，我们将委托中国文字著作权协会代转稿酬及样书，联系电话：010-65978917。